Révolution dans l'éducation

AURORA AMORIS

RÉVOLUTION DANS L'ÉDUCATION

L'avenir de l'apprentissage avec l'IA

2025

Révolution dans l'éducation

Aurora Amoris

CONTENU

CHAPITRE 1

L'intelligence artificielle dans l'éducation

1.1. Le rôle de l'IA dans l'éducation

L'intelligence artificielle transforme fondamentalement l'éducation en créant de nouvelles opportunités et de nouveaux défis. Dans le domaine de l'éducation, l'IA est utilisée pour améliorer l'apprentissage personnalisé, optimiser la gestion pédagogique et transformer les stratégies d'enseignement traditionnelles. Son intégration dans les salles de classe, les structures en ligne et les systèmes administratifs marque le début d'une transition en profondeur vers une formation plus écologique, axée sur les statistiques et accessible.

La capacité de l'IA à traiter rapidement d'énormes quantités d'informations permet de créer des environnements d'apprentissage dynamiques et adaptables aux besoins spécifiques des étudiants. Elle peut analyser les tendances en matière de comportement, de performance pédagogique et de styles d'apprentissage des élèves afin de créer une expérience d'apprentissage plus individualisée. Cette technologie simplifie également les tâches administratives, telles que la notation, la planification des programmes et la planification des horaires, permettant ainsi aux enseignants et aux établissements de se concentrer davantage sur la qualité de l'enseignement.

De plus, l'IA dans l'éducation s'étend au-delà des salles de classe. Grâce à des structures de tutorat intelligentes et à des outils d'apprentissage numériques, elle permet à un public plus large d'accéder à la technologie, indépendamment de la région ou de l'histoire économique. En particulier, les publications en ligne, les salles de classe virtuelles et les outils pédagogiques basés sur l'IA brisent les barrières traditionnelles de l'éducation, offrant une approche plus inclusive et plus flexible de l'apprentissage.

Cependant, l'utilisation massive de l'IA dans la formation soulève plusieurs préoccupations morales et pratiques. La collecte de dossiers scolaires, essentielle au bon fonctionnement des structures d'IA, présente de graves risques pour la confidentialité et la sécurité. De plus, le débat persiste quant au rôle de l'IA dans les choix pédagogiques, de la notation des devoirs à l'évaluation du potentiel des élèves. Ces questions soulignent la nécessité d'une législation et d'une surveillance rigoureuses pour garantir que l'impact de l'IA sur l'éducation reste de qualité et équitable.

À mesure que l'ère de l'IA continue d'évoluer, sa position dans l'éducation va s'amplifier, offrant de nouvelles possibilités pour stimuler l'acquisition de connaissances sur les expériences tout en répondant aux situations exigeantes qui incluent ces améliorations.

1.2. L'IA et l'expérience étudiante

L'intelligence artificielle transforme profondément l'expérience des élèves, des parcours d'apprentissage personnalisés au développement d'environnements dynamiques et interactifs favorisant un engagement plus profond avec le matériel. L'IA permet aux structures pédagogiques d'évoluer en fonction des besoins, des choix et des niveaux d'apprentissage des élèves, améliorant ainsi l'expérience globale et l'efficacité de l'apprentissage.

L'intégration de l'IA dans l'expérience pédagogique permet un enseignement plus personnalisé. En analysant les performances passées, le rythme d'apprentissage et les statistiques comportementales des élèves, l'IA peut leur recommander des ressources, des devoirs et des activités adaptés à leurs besoins. Ce niveau de personnalisation permet aux élèves de progresser à leur rythme, de consacrer plus de temps aux sujets qui les intéressent et de progresser une fois certains concepts maîtrisés. Ainsi, l'IA facilite non seulement l'acquisition de connaissances, mais la complète également activement en créant une expérience plus pertinente et plus verte pour chaque élève.

De plus, l'IA a fait des progrès considérables en matière de retour d'information instantané, un élément souvent absent des salles de classe traditionnelles. Grâce aux structures basées sur l'IA, les étudiants reçoivent des réponses instantanées à leurs travaux, ce qui leur permet de corriger rapidement leurs erreurs et leurs idées fausses. Ce retour d'information continu améliore la mémorisation et permet aux étudiants de rester concentrés tout au long de leur parcours pédagogique.

Outre un contenu personnalisé, les plateformes basées sur l'IA offrent une expérience plus interactive. Les salles de cours virtuelles et les systèmes de tutorat basés sur l'IA peuvent simuler des interactions individuelles, permettant aux étudiants de bénéficier de conseils et d'un soutien sans contrainte de temps ou de lieu. Ces plateformes peuvent même intégrer des capacités de traitement du langage naturel, permettant aux étudiants de poser des questions en temps réel et d'obtenir des réponses contextuellement pertinentes, simulant ainsi l'expérience d'un échange avec un tuteur humain.

Cependant, si l'IA offre des perspectives prometteuses pour améliorer l'expérience des élèves, elle soulève également des questions quant à la perte de potentiel du contact humain dans l'éducation. La relation entre élèves et enseignants est souvent un élément clé du processus d'apprentissage. L'intégration de certains aspects de l'enseignement par les systèmes d'IA soulève la question de savoir si cela pourrait réduire le rôle des enseignants en tant que mentors, motivateurs et modèles. L'équilibre entre automatisation et interaction humaine devra être soigneusement contrôlé afin de garantir que l'IA complète, plutôt que de remplacer, des aspects essentiels de l'expérience des élèves.

L'IA a le potentiel de révolutionner l'expérience des élèves en proposant des environnements d'apprentissage personnalisés, interactifs et adaptatifs. En proposant des commentaires instantanés, en adaptant les pratiques aux besoins individuels et en développant des parcours pédagogiques flexibles, l'IA permet aux élèves de prendre en main leur propre apprentissage, améliorant ainsi leur engagement et leur épanouissement scolaire. Cependant, l'intégration de l'IA dans l'éducation doit être envisagée avec discernement, en veillant à ce qu'elle renforce les valeurs éducatives traditionnelles et maintienne le lien humain, essentiel à un apprentissage holistique.

1.3. Tendances et transformations technologiques

L'évolution rapide des technologies transforme profondément le paysage éducatif, et l'intelligence artificielle est à l'avant-garde de cette transformation. Les technologies d'IA exploitent de nouvelles tendances et innovations qui repoussent les limites des modèles pédagogiques traditionnels et ouvrent de nouvelles perspectives quant à la manière dont l'apprentissage peut être structuré, présenté et vécu. Ces évolutions technologiques modifient non seulement les modes d'enseignement, mais influencent également la perception sociétale plus large de ce que l'apprentissage et l'acquisition de nouvelles connaissances doivent être à l'avenir.

L'une des principales évolutions technologiques qui façonnent le paysage éducatif est la transition vers l'apprentissage personnalisé. La capacité de l'IA à analyser de grandes quantités de données et à adapter le contenu et les méthodes d'apprentissage en fonction des besoins des utilisateurs a propulsé l'apprentissage personnalisé au rang de pratique courante. Les structures d'apprentissage adaptatives, optimisées par l'IA, permettent d'optimiser le développement de l'élève et d'adapter la formation à ses forces et à ses faiblesses. Cette flexibilité permet une approche plus ciblée sur l'élève, où les débutants ont la liberté de progresser à leur propre rythme, de bénéficier d'interventions ciblées lorsque cela est nécessaire et d'interagir avec le contenu selon leurs habitudes d'apprentissage.

Une autre tendance importante est l'utilisation croissante de l'analyse de données dans l'enseignement. Les systèmes d'IA peuvent collecter et analyser des données issues de diverses sources, telles que les performances des élèves, leur niveau d'engagement et leurs styles comportementaux. Ces données peuvent être utilisées pour éclairer les décisions, améliorer les stratégies de formation et anticiper les conséquences de l'apprentissage. Les enseignants et les administrateurs peuvent utiliser ces informations pour identifier précocement les élèves en difficulté, personnaliser l'accompagnement et adapter les programmes et les stratégies pédagogiques en conséquence. Cette capacité à exploiter les données offre des possibilités inédites d'amélioration continue et d'optimisation au sein des systèmes éducatifs.

De plus, l'IA favorise l'amélioration des récits d'apprentissage immersifs, notamment grâce à l'utilisation de la réalité virtuelle et augmentée (RV et RA). Associées à l'IA, ces technologies permettent de créer des environnements d'apprentissage particulièrement attrayants et interactifs. Les élèves peuvent explorer des mondes virtuels, interagir avec des modèles 3D et participer à des simulations qui pourraient être difficiles, voire impossibles, à reproduire en classe traditionnelle. Ces expériences immersives peuvent approfondir les connaissances, améliorer la rétention et donner aux élèves la possibilité de mettre en pratique leurs compétences dans un environnement sécurisé et contrôlé.

L'impact de l'IA s'étend au-delà des salles de classe et s'étend au monde de l'éducation à l'échelle mondiale, car elle facilite l'essor des plateformes d'apprentissage en ligne et des technologies éducatives. L'essor des cours en ligne ouverts et massifs (MOOC), des systèmes de contrôle de l'apprentissage basés sur l'IA et d'autres outils virtuels a rendu l'apprentissage plus accessible au monde entier. Les étudiants peuvent désormais étudier où qu'ils soient, à tout moment et à leur rythme, abolissant ainsi les frontières géographiques et temporelles. Ces innovations transforment l'éducation en un secteur plus flexible et inclusif, permettant à des étudiants de tous horizons et de toutes origines de participer à des études supérieures de qualité.

Cependant, ces avancées technologiques présentent également des défis et des risques. Le recours croissant à l'IA et à la prise de décision basée sur les données accroît les inquiétudes quant à la confidentialité, la sécurité et les implications morales de l'utilisation d'outils aussi puissants dans l'enseignement. Alors que les systèmes d'IA collectent d'énormes quantités de données personnelles sur les étudiants, la protection de ces données deviendra une priorité essentielle. De plus, l'adoption de l'IA par les systèmes éducatifs nécessite une analyse continue de l'impact de cette technologie sur la formation, les résultats d'apprentissage et l'équité sociale.

La transformation technologique en cours dans l'éducation est simple, l'IA étant au cœur de cette évolution. À mesure que l'apprentissage personnalisé, l'analyse des données, les technologies immersives et l'accès international à l'éducation évoluent, l'IA jouera un rôle de plus en plus important dans la transformation de la transmission et de l'apprentissage de l'information. Cependant, la mise en œuvre responsable de ces technologies est essentielle pour garantir qu'elles profitent à tous les élèves et enseignants, sans compromettre la confidentialité ni les exigences éthiques. L'avenir de l'éducation, façonné par l'IA et d'autres technologies, recèle un potentiel considérable, mais il doit être géré avec prudence afin de garantir qu'il serve les plus hautes sphères de la société.

1.4. Développement historique de l'IA dans l'éducation

L'intégration de l'intelligence artificielle (IA) dans l'éducation n'est pas apparue soudainement, ni dans le vide. Elle s'est faite lentement, influencée par des tendances technologiques plus larges, des avancées théoriques en informatique, des évolutions de la théorie académique et des impératifs socio-économiques. Le cheminement depuis les premiers concepts d'intelligence artificielle jusqu'aux structures de tutorat intelligentes et aux plateformes d'apprentissage adaptatives d'aujourd'hui ne représente pas seulement l'évolution de la technologie, mais aussi l'évolution de la perception de la façon dont les êtres humains étudient et de la façon dont les machines peuvent contribuer à cet apprentissage.

L'évolution de l'IA dans l'éducation s'est déroulée à travers plusieurs étapes distinctes, mais qui se chevauchent: les fondements théoriques (années 1950-1970), les premières structures expérimentales (années 1980-1990), la révolution du Web et l'essor des systèmes de tutorat intelligents (années 2000), l'émergence des grands fichiers et des systèmes d'apprentissage automatique (années 2010), et le segment moderne des écosystèmes éducatifs intégrés, évolutifs et adaptatifs, alimentés par l'IA (à partir des années 2020).

Chacune de ces étapes reflète des évolutions plus profondes dans les études sur l'IA et les priorités pédagogiques.

Les fondements conceptuels de l'IA en formation ont émergé dans le cadre plus vaste de l'intelligence artificielle. Dans les années 1950, des pionniers comme Alan Turing et John McCarthy ont posé les bases théoriques de l'intelligence systémique. La célèbre question de Turing – « Les machines peuvent-elles supposer ? » –, formulée dans son article fondateur de 1950, « Computing Machinery and Intelligence », a directement jeté les bases de l'utilisation des machines intelligentes dans des domaines cognitifs comme l'apprentissage et l'enseignement.

Dans les années 1960 et 1970, la technique dominante dans les études sur l'IA était l'IA symbolique, ou « IA à l'ancienne excellente » (GOFAI). Les chercheurs cherchaient à encoder l'information et le raisonnement humains dans des systèmes symboliques formels. Dans le contexte de l'éducation, cela a donné naissance aux premiers modèles de psychologie cognitive qui tentaient de simuler la perception et la résolution de problèmes humains, ce qui a permis plus tard de concevoir des systèmes de tutorat intelligents (STI).

L'un des premiers travaux les plus influents de cette époque fut le modèle de discours de type socratique, qui tentait d'imiter la manière dont les enseignants guident les élèves dans leurs recherches. Les chercheurs ont compris qu'enseigner ne se résumait pas à rendre des comptes, mais à mettre en œuvre des approches cognitives. Les fondements de la théorie constructiviste de l'apprentissage, défendue par des chercheurs comme Jean Piaget et Seymour Papert, mettaient l'accent sur l'apprentissage actif, et les travaux de Papert sur Logo, un langage de programmation conçu pour les enfants, symbolisaient l'une des premières intersections entre l' informatique, l'éducation et l'IA.

Bien que le potentiel informatique réel des systèmes ait été limité à un certain stade de cette période, les bases philosophiques et psychologiques ont ouvert la voie à une intégration future.

Les années 1980 ont marqué un tournant avec le développement de la première génération de structures de tutorat intelligentes (STI). Ces structures visaient à simuler le comportement de tuteurs humains en adaptant les techniques pédagogiques aux besoins de personnes inexpérimentées. Contrairement à la pratique traditionnelle assistée par ordinateur, qui présentait le même contenu à tous les élèves inexpérimentés, les STI intégraient des modèles d'expertise métier, de savoir-faire pédagogique et de techniques pédagogiques.

L'un des systèmes pionniers fut SOPHIE (Socratic Physics Tutor), développé à la fin des années 1970 et au début des années 1980. SOPHIE pouvait diagnostiquer les idées fausses des étudiants en électronique et les guider dans la résolution de problèmes. De même, ANDES et AutoTutor sont apparus comme des plateformes STI remarquables dans les années 1990. Ces structures utilisaient des modèles cognitifs pour adapter le contenu et les remarques aux utilisateurs débutants, simulant ainsi un apprentissage de type humain.

Une autre avancée majeure de cette époque fut la modélisation basée sur les contraintes, qui permettait aux systèmes d'évaluer les réponses des élèves non plus en comparant des solutions prédéfinies, mais en identifiant les violations de contraintes conceptuelles. Cette approche s'est avérée précieuse dans l'enseignement des mathématiques et de l'informatique, où il existe souvent plusieurs bonnes réponses.

Cependant, ces structures étaient confrontées à des défis complexes. Leur développement était coûteux et long, elles étaient souvent spécifiques à un domaine et difficiles à mettre à l'échelle. Néanmoins, les recherches menées à cette époque ont permis de tester le potentiel de l'IA pour guider l'apprentissage dans des approches de pointe et personnalisées.

Parallèlement, le secteur plus vaste de l'éducation a connu l'essor des formations assistées par ordinateur (FAO), des CD-ROM multimédias et de l'utilisation précoce des systèmes d'apprentissage automatique (SGA). Bien que tous ces outils n'aient pas été pilotés par l'IA, ils ont ouvert la voie à des environnements de formation numériques dans lesquels l'IA pourrait s'épanouir ultérieurement.

La prolifération d'Internet à la fin des années 1990 et au début des années 2000 a transformé les stratégies d'enseignement. Les environnements d'apprentissage en ligne ont gagné en popularité, entraînant avec eux un intérêt croissant pour la personnalisation et l'apprentissage basé sur les statistiques. Alors que les premières plateformes d'apprentissage en ligne étaient largement statiques et linéaires, les chercheurs ont commencé à intégrer des stratégies d'IA pour créer des systèmes plus adaptatifs et réactifs.

Au cours de cette période, de nombreux développements majeurs ont eu lieu:

• Carnegie Learning a lancé Cognitive Tutor, l'un des premiers produits STI industriels à avoir connu une adoption massive dans les universités américaines. S'appuyant sur des années de recherche en technologies cognitives à l'Université Carnegie Mellon, il utilise une modélisation basée sur des règles pour s'adapter aux progrès des étudiants en algèbre et dans d'autres matières.

• AutoTutor, développé par l'Université de Memphis, utilisait le traitement du langage naturel pour simuler des interactions conversationnelles avec des étudiants. Contrairement à l'ITS antérieur, qui reposait principalement sur des réponses à choix multiples ou structurées, AutoTutor cherchait à interagir avec les débutants par la parole.

• L'émergence des réseaux bayésiens et de la modélisation probabiliste a permis aux structures de gérer plus efficacement l'incertitude dans le comportement des élèves et d'acquérir une meilleure connaissance des trajectoires. Ces stratégies ont amélioré l'adaptabilité et le réalisme des structures de tutorat.

• Des examens diagnostiques basés sur l'IA ont commencé à apparaître, permettant aux structures d'identifier rapidement le pays d'apprentissage d'un élève et d'adapter le contenu en conséquence. On est passé d'une orientation universelle à des parcours d'apprentissage personnalisés.

Malgré ces améliorations, la mise en œuvre à grande échelle est restée limitée en raison des contraintes technologiques, des coûts de développement élevés et de l'inertie institutionnelle. Néanmoins, les bases de la prochaine phase de formation pilotée par l'IA ont été posées.

Les années 2010 ont été marquées par une explosion de la disponibilité des données, des avancées dans les algorithmes d'apprentissage automatique et l'essor du cloud computing. Ces caractéristiques ont considérablement renforcé les capacités des systèmes d'IA dans l'éducation.

L'un des principes les plus influents de cette décennie est devenu l'analyse des apprentissages: la collecte, l'analyse et l'interprétation d'informations sur les nouveaux arrivants et leur contexte. L'analyse des apprentissages a permis aux systèmes pédagogiques de mesurer l'engagement des élèves, d'anticiper leurs performances et d'adapter le contenu en temps réel.

Associées à l'apprentissage sur appareil, ces structures ont commencé à se rapprocher de l'adaptabilité et de l'intuition des enseignants.

Les systèmes d'apprentissage adaptatif tels que Knewton, DreamBox et Smart Sparrow ont été pionniers dans la mise en œuvre d'un enseignement personnalisé à grande échelle. Ces systèmes ont collecté des quantités considérables de données sur les apprenants et ont utilisé la modélisation prédictive pour ajuster la difficulté, le rythme et l'enchaînement des contenus. Par exemple, le programme de mathématiques de DreamBox devrait adapter l'apprentissage en fonction du comportement, de la précision ou même des hésitations de l'enfant.

Les cours en ligne ouverts et massifs (MOOC), notamment ceux proposés par Coursera, edX et Udacity, ont commencé à intégrer des fonctionnalités d'IA telles que la notation automatisée, la recommandation de contenu et les robots de modération des forums. Le traitement du langage naturel a permis l'automatisation des systèmes de notation et de commentaires des dissertations, tandis que les moteurs de recommandation recommandaient des publications ou du contenu en fonction du comportement des apprenants.

La reconnaissance vocale et les assistants numériques, notamment IBM Watson Tutor, ont commencé à entrer dans le domaine de l'enseignement, en proposant des réponses intelligentes aux questions, une aide personnalisée et des orientations pédagogiques.

L'utilisation croissante de l'IA a également suscité un intérêt accru pour l'éthique, la confidentialité et les préjugés. Les préoccupations concernant l'utilisation des dossiers scolaires, la surveillance et l'équité algorithmique sont devenues importantes dans le discours sur l'IA dans l'éducation.

Les années 2020 ont été marquées par l'accélération rapide de l'IA dans l'éducation, catalysée en partie par la pandémie mondiale de COVID-19, qui a imposé un virage massif vers l'apprentissage en ligne et hybride. Les établissements d'enseignement, les entreprises de technologies éducatives et les gouvernements ont adopté des outils basés sur l'IA pour gérer l'apprentissage à distance, accompagner les enseignants et impliquer les étudiants.

Les applications actuelles de l'IA comprennent:

• Les chatbots IA utilisés dans les universités pour des responsabilités administratives, des conseils pédagogiques ou même du tutorat de base.

• Analyse d'apprentissage multimodale combinant des informations provenant des frappes au clavier, du suivi oculaire, de l'analyse des expressions faciales et bien plus encore pour créer des profils d'apprenants précis.

• Les équipements d'IA générative tels que les modèles entièrement basés sur GPT sont désormais utilisés pour guider l'écriture créative, l'assistance à la programmation et la génération de contenu.

• Des tuteurs et copilotes IA qui offrent une assistance juste à temps à un moment donné des cours, des contrôles ou des travaux de mission.

• Les systèmes d'apprentissage des langues, dont Duolingo, ont intégré une connaissance approfondie des modes pour personnaliser les classes, la popularité des discours et les commentaires.

Les systèmes d'IA actuels sont plus évolutifs, généralisables et conviviaux que jamais. La convergence de l'IA avec la réalité augmentée (RA), la réalité virtuelle (RV) et les interfaces cerveau-ordinateur promet un avenir d'apprentissage immersif, adaptatif et étonnamment personnalisé.

En outre, l'utilisation croissante de l'IA fédérée pour l'acquisition de connaissances et la préservation de la vie privée répond à certaines des préoccupations antérieures concernant la protection des données et la confidentialité des étudiants.

Les gouvernements et les établissements d'enseignement ont commencé à adopter l'IA dans leurs stratégies éducatives nationales. Par exemple, les autorités chinoises ont massivement investi dans des salles de cours intégrant l'IA, tandis que l'Union européenne a mis l'accent sur les cadres éthiques et un déploiement responsable.

Le développement ancien de l'IA dans l'éducation témoigne non seulement d'une évolution technologique, mais aussi d'une connaissance approfondie de la pédagogie, de la cognition humaine et de l'équité sociale. Le passage des tuteurs primitifs basés sur des règles aux grands modèles de langage actuels, intégrés aux systèmes de gestion de l'apprentissage, démontre comment l'IA est passée d'une possibilité théorique à une nécessité pratique.

Cependant, des exigences demeurent: l'équité d'admission, le déploiement éthique, la formation des enseignants et la prévention d'une dépendance excessive aux systèmes informatisés. Le prochain volet de l'IA dans l'éducation sera probablement façonné par un partenariat équilibré entre les enseignants et les systèmes intelligents, où l'IA soutiendra, sans toutefois les actualiser, les aspects humains essentiels que sont l'empathie, la créativité et le jugement éthique en éducation.

Comme l'indiquent les documents, la position de l'IA dans l'éducation ne consiste pas à changer les enseignants, mais à leur donner les moyens d'agir et à aider chaque élève à réaliser ses capacités grâce à des expériences d'apprentissage intelligentes, inclusives et personnalisées.

CHAPITRE 2

Éducation personnalisée

2.1. IA et modèles éducatifs centrés sur l'étudiant

L'intelligence artificielle (IA) a le potentiel de révolutionner le paysage pédagogique. En particulier, les modèles éducatifs centrés sur l'élève sont devenus plus écologiques et plus efficaces grâce aux technologies d'IA. L'objectif fondamental de l'éducation étant d'offrir une expérience adaptée aux désirs, aux habitudes d'apprentissage et aux centres d'intérêt de chaque élève, les opportunités offertes par l'IA sont d'une importance capitale.

L'éducation centrée sur l'élève offre une approche où chaque élève bénéficie d'une expérience personnalisée en fonction de son rythme d'apprentissage, de ses opportunités et de ses points forts. L'IA permet aux enseignants de mieux comprendre leurs élèves et d'intervenir de manière adaptée à leur méthode d'apprentissage. Cette philosophie pédagogique prend en compte les différences individuelles au sein de l'école et permet à chaque élève d'atteindre son plein potentiel.

L'IA est capable d'identifier les difficultés des étudiants tout au long du processus d'apprentissage et de leur apporter une aide adaptée. Par exemple, si un étudiant rencontre des difficultés dans une matière spécifique, les structures basées sur l'IA peuvent lui fournir des ressources supplémentaires ou lui proposer des parcours d'apprentissage alternatifs pour mieux gérer les points d'incompréhension. Ce processus permet aux enseignants de fournir des commentaires plus ciblés et plus pertinents aux étudiants.

L'IA permet d'afficher en continu les performances globales des étudiants. En analysant leurs progrès au fil des ans, elle identifie les domaines dans lesquels ils excellent et ceux qui nécessitent un intérêt accru. Ces analyses offrent aux enseignants la possibilité d'élaborer des stratégies sur mesure, adaptées aux besoins de chaque élève.

Les progrès des élèves peuvent être suivis en permanence grâce à des systèmes d'IA, permettant des interventions rapides et essentielles. Les enseignants peuvent ainsi aborder chaque élève en fonction de ses besoins individuels, garantissant ainsi un système pédagogique aussi personnalisé que possible pour chaque apprenant.

La formation personnalisée comprend la fourniture de supports et de techniques adaptés aux différents styles et rythmes d'apprentissage des étudiants. L'IA peut collecter des données sur chaque élève et créer du contenu adapté à sa personnalité et à ses méthodes d'apprentissage. Ce contenu est élaboré à partir des expériences d'apprentissage antérieures de l'élève, ce qui permet au système de fournir du matériel de qualité adapté à ses besoins actuels.

Les élèves peuvent également avoir des schémas d'apprentissage uniques, qu'ils soient visuels, auditifs ou kinesthésiques. L'IA peut comprendre ces schémas d'apprentissage uniques et sélectionner les stratégies pédagogiques les plus adaptées à chaque élève. Par exemple, un élève qui apprend bien par la voie visuelle peut se voir proposer du contenu vidéo, tandis qu'un apprenant auditif peut se voir proposer des cours audio ou des podcasts. Les élèves kinesthésiques débutants, quant à eux, auront accès à des activités pratiques ou à du matériel interactif.

Un autre avantage majeur de l'IA est sa capacité à offrir un retour instantané aux étudiants. Dans l'enseignement traditionnel, les enseignants prennent le temps de donner leur avis lorsqu'un élève commet une erreur. Cependant, les systèmes d'IA peuvent analyser instantanément les réponses d'un élève et fournir des commentaires en temps réel. Cela accélère l'apprentissage et permet aux étudiants de comprendre leurs erreurs plus rapidement.

Les commentaires générés par l'IA sont également personnalisables. Ils peuvent fournir des indications précises pour s'améliorer et proposer des pistes pour corriger les erreurs. De plus, l'IA permet aux élèves de suivre leurs progrès, en visualisant leurs progrès et les points à améliorer.

L'IA jouera un rôle de plus en plus important dans l'avenir des modèles de formation axés sur les élèves. Avec l'arrivée de contenus toujours plus personnalisés et sur mesure, les technologies d'IA pourront être utilisées plus efficacement pour accompagner chaque élève dans son propre parcours d'apprentissage. L'IA permettra non seulement aux enseignants de suivre la progression de leurs élèves, mais aussi de développer des stratégies pour optimiser leurs méthodes de formation.

L'apprentissage entièrement basé sur l'IA permettra de prendre en compte les différents rythmes d'apprentissage en classe, créant ainsi un environnement pédagogique adapté à chaque élève. Ceci est particulièrement bénéfique pour les étudiants qui peuvent rencontrer des difficultés ou des lacunes dans leur apprentissage. L'apprentissage personnalisé, optimisé par l'IA, permettra aux étudiants d'étudier plus rapidement et leur offrira un environnement d'apprentissage plus sûr et plus efficace.

L'IA et les modèles d'éducation centrés sur les élèves permettent de transformer les structures de formation. Des supports d'apprentissage personnalisés et des commentaires en temps réel pourraient rendre l'apprentissage des stratégies plus écologique. Cette approche crée un environnement pédagogique plus performant, non seulement pour les étudiants, mais aussi pour les enseignants. L'éducation assistée par l'IA offre la possibilité de suivre les progrès individuels des élèves et de créer des stratégies personnalisées pour chacun d'eux. À l'avenir, une intégration plus large de l'IA dans l'éducation représentera une étape importante dans l'évolution des modèles d'éducation centrés sur les élèves.

2.2. Plans d'apprentissage personnels et IA

L'apprentissage personnalisé des plans est au cœur des pratiques éducatives actuelles, visant à répondre aux besoins et aux compétences individuelles des élèves. L' intégration de l'intelligence artificielle (IA) à ces plans offre une approche transformatrice, favorisant une expérience d'apprentissage plus personnalisée et adaptative. En exploitant les données de diverses ressources, l'IA peut aider les enseignants à créer des parcours d'apprentissage personnalisés pour les élèves, garantissant ainsi à chaque apprenant l'accompagnement et les ressources nécessaires à sa réussite.

L'IA permet l'élaboration de plans d'apprentissage dynamiques et individualisés en évaluant les connaissances antérieures, les compétences, les options d'apprentissage et les progrès de chaque élève au fil du temps. Ces plans d'apprentissage, optimisés par l'IA, vont au-delà de la simple personnalisation: ils s'adaptent en permanence à l'évolution des besoins, des difficultés et des réussites de l'élève. Cette approche personnalisée contraste avec les modèles de formation traditionnels et universels, offrant aux étudiants une approche plus écologique et plus attractive pour apprendre à leur propre rythme.

Les systèmes d'IA exploitent une grande quantité de données pour élaborer des plans d'apprentissage personnalisés. En collectant des statistiques sur les interactions des élèves, les évaluations de performance et l'utilisation de divers supports d'apprentissage, l'IA peut établir un profil complet des forces et des faiblesses de chaque élève. Cette approche, basée sur les données, permet à l'IA de recommander des ressources, des sports ou des activités spécifiques afin de répondre au mieux aux besoins de l'élève.

Par exemple, un élève en difficulté dans une matière particulière, comme l'algèbre, devrait bénéficier de contenus sportifs ou de vidéos explicatives supplémentaires proposés par un outil d'IA. À l'inverse, un élève excellant dans une matière peut se voir proposer du contenu plus approfondi pour le maintenir engagé et stimulant. Ce niveau de personnalisation garantit que les élèves évoluent en permanence dans leur domaine de développement proximal, un domaine où ils ne sont ni déprimés ni sous-développés.

La capacité de l'IA à traiter les informations en temps réel permet aux plans d'apprentissage d'être constamment mis à jour. À mesure que les élèves terminent leurs devoirs, leurs tests ou leurs activités d'apprentissage, leurs performances sont suivies et analysées, ce qui permet à l'IA d'adapter le plan d'apprentissage en fonction des nouvelles informations. Cela rend les plans d'apprentissage extrêmement dynamiques et capables d'évoluer au rythme de l'élève.

L'un des principaux atouts de l'IA réside dans son rôle dans les technologies d'apprentissage adaptatif. Ces technologies permettent d'adapter en temps réel l'expérience d'apprentissage en fonction des performances des élèves. Par exemple, l'IA peut adapter la difficulté des questions ou des devoirs en fonction de la performance de l'élève. Si un élève répond efficacement aux questions, l'IA peut lui proposer des situations plus difficiles pour le stimuler et l'améliorer. À l'inverse, si un élève éprouve des difficultés, l'IA peut lui proposer des tâches plus simples ou des motivations supplémentaires pour l'aider à développer sa confiance et ses compétences.

L'apprentissage adaptatif, optimisé par l'IA, garantit que chaque élève est constamment engagé dans un contenu adapté à son niveau de difficulté. Cela élimine la frustration d'être trop avancé ou trop en retard sur le contenu et permet aux élèves d'apprendre à leur propre rythme, sans se sentir dépassés ou dépassés.

Les programmes d'apprentissage non public pilotés par l'IA permettent aux élèves de prendre le contrôle de leur parcours pédagogique. Grâce aux outils d'IA fournissant des conseils et des ressources personnalisés, les élèves sont libres de choisir comment ils interagissent avec le contenu. Ce niveau de personnalisation favorise le sentiment d'appropriation plutôt que l'apprentissage lui-même et encourage la motivation et l'engagement. Les élèves peuvent explorer leurs centres d'intérêt plus en profondeur et progresser à leur propre rythme, tout en bénéficiant d'un accompagnement personnalisé.

Les programmes d'apprentissage basés sur l'IA peuvent également favoriser des modèles d'apprentissage uniques. Certains étudiants peuvent bénéficier de tutoriels vidéo, tandis que d'autres peuvent mieux apprendre grâce à des activités sportives interactives ou à des supports d'apprentissage. Les systèmes d'IA peuvent comprendre ces possibilités et fournir des conseils personnalisés, garantissant ainsi à chaque élève un accès aux seules ressources d'apprentissage adaptées à son style.

De plus, l'IA peut fournir un retour immédiat aux étudiants, leur permettant de suivre leur progression et d'ajuster leurs méthodes d'apprentissage si nécessaire. Cette boucle de rétroaction encourage les étudiants à s'impliquer activement dans leur apprentissage, tout en développant leur sens de l'entreprise et leur autonomie.

L'une des fonctions clés des plans d'apprentissage personnalisés et plus adaptés à l'IA est le suivi et l'ajustement continus de l'orientation d'apprentissage de l'élève. Contrairement aux stratégies traditionnelles où un plan d'apprentissage peut rester statique pendant de longues périodes, les systèmes d'IA peuvent adapter le plan en fonction de statistiques en temps réel. Par exemple, si un élève commence à progresser dans un domaine particulier, le système d'IA peut accroître la complexité des tâches ou introduire du contenu plus complexe. À l'inverse, si l'élève éprouve des difficultés dans un domaine particulier, le système peut lui fournir des supports de pratique supplémentaires ou des explications complémentaires.

Cette capacité à analyser et à adapter en temps réel les connaissances acquises dans le cadre des plans garantit que les élèves reçoivent toujours l'aide appropriée. Elle permet également aux enseignants d'identifier rapidement les points faibles, ce qui permet d'intervenir avant que les situations difficiles ne deviennent insurmontables pour l'élève.

Si l'IA peut apporter d'importants avantages pour la création de parcours d'apprentissage personnalisés, il est également essentiel que les enseignants s'impliquent dans ce processus. L'IA peut fournir des informations et des conseils efficaces basés sur des statistiques, mais il appartient en fin de compte à l'enseignant d'appréhender le contexte plus large des besoins, de la personnalité et des situations de chaque élève. Les plans d'apprentissage assistés par l'IA doivent donc être considérés comme un outil qui complète et améliore le rôle de l'enseignant, plutôt que de le remplacer.

Les enseignants peuvent exploiter les informations fournies par l'IA pour prendre des décisions éclairées concernant les activités en classe, la dynamique de groupe et l'allocation des ressources. De plus, ils peuvent collaborer avec les élèves et leurs familles pour garantir que les plans d'apprentissage sont parfaitement adaptés aux rêves et aspirations de chaque élève. Cette approche collaborative peut aider les élèves à développer pleinement leurs compétences et favoriser un environnement d'apprentissage plus stimulant.

À mesure que l'ère de l'IA s'adapte, les programmes d'apprentissage personnalisés devraient devenir encore plus performants. L'intégration de l'IA aux technologies émergentes telles que la réalité virtuelle et augmentée, le traitement du langage naturel et l'apprentissage automatique améliorera encore la capacité à créer des parcours d'apprentissage immersifs et entièrement personnalisés. Ces avancées permettront des parcours d'apprentissage encore plus diversifiés et dynamiques, rendant l'enseignement toujours plus personnalisé, en fonction des besoins et des possibilités spécifiques de chacun.

L'avenir des plans d'apprentissage personnalisés basés sur l'IA est prometteur pour l'éducation. À mesure que davantage d'informations deviennent disponibles et que les algorithmes d'IA gagnent en sensibilité, les étudiants bénéficieront de plans d'apprentissage encore plus précis et performants. Cette technologie a le potentiel d'offrir une expérience d'apprentissage quasi individualisée, aidant les étudiants à atteindre leur pleine capacité, d'une manière inaccessible aux méthodes d'enseignement traditionnelles.

Les plans d'apprentissage personnalisés optimisés par l'IA offrent une approche transformatrice de l'éducation. En exploitant les données, l'IA peut créer des parcours d'apprentissage personnalisés et dynamiques, répondant aux besoins individuels des élèves. S'adaptant en temps réel, l'IA garantit à chaque élève le niveau de soutien et de stimulation adéquat, favorisant ainsi l'engagement et la réussite. Avec l'évolution constante de la technologie de l'IA, la personnalisation et l'innovation pédagogiques sont un atout majeur, et joueront un rôle crucial dans l'avenir de l'apprentissage.

2.3. Méthodes pédagogiques basées sur les données

Les techniques pédagogiques basées sur les données s'appuient sur l'utilisation des données et de l'analyse pour éclairer les pratiques de formation, améliorer les résultats d'apprentissage et optimiser les évaluations pédagogiques. La disponibilité croissante des données dans l'enseignement – des indicateurs de performance des élèves aux niveaux d'engagement et au-delà – a révolutionné la façon dont les enseignants abordent leurs stratégies d'enseignement. L'intelligence artificielle (IA) joue un rôle essentiel dans l'exploitation de ces données pour créer des environnements d'apprentissage personnalisés, écologiques et efficaces.

L'utilisation des données dans la formation n'est pas toujours un concept nouveau. Cependant, avec les progrès technologiques et la prolifération des outils d'apprentissage virtuel, la portée et l'intensité des statistiques pédagogiques ont considérablement augmenté. Les données pédagogiques peuvent provenir de diverses sources, telles que des évaluations standardisées, des tests en classe, des systèmes de contrôle de l'apprentissage (LMS) ou encore des données comportementales qui suivent l'engagement des élèves et leurs interactions avec les supports d'apprentissage.

Au cœur de la formation, les données permettent d'obtenir une connaissance approfondie des performances globales des étudiants, de leurs styles d'apprentissage et de leurs axes d'amélioration. Collectées et analysées efficacement, ces données permettent de comprendre la manière dont les étudiants analysent, les situations difficiles auxquelles ils sont confrontés et les meilleures techniques d'enseignement. La prise de décision basée sur les données permet aux enseignants d'ajuster leurs stratégies en temps réel et de mieux répondre aux différents besoins des étudiants.

L'intelligence artificielle joue un rôle majeur dans la collecte, l'analyse et l'interprétation des données pédagogiques. Grâce à sa capacité à traiter rapidement et efficacement de grandes quantités d'informations, l'IA peut fournir des informations exploitables que les enseignants pourraient négliger. Les systèmes basés sur l'IA peuvent analyser les réponses des élèves, anticiper les résultats d'apprentissage et même identifier les lacunes en matière de compétences avant qu'elles ne deviennent des obstacles majeurs.

Par exemple, les systèmes de gestion de l'apprentissage basés sur l'IA peuvent suivre la progression d'un élève dans plusieurs matières et fournir des rapports spécifiques sur les domaines dans lesquels il rencontre des difficultés. Ces informations peuvent servir à concevoir des interventions et des ressources ciblées qui aident les élèves à surmonter des situations difficiles et à améliorer leur compréhension du sujet.

L'IA peut également traiter des données comportementales, comme le temps passé par un élève sur une tâche donnée ou sa fréquence d'interaction avec les ressources d'apprentissage. En interprétant ces données, l'IA peut fournir des informations sur le niveau d'engagement, la motivation et le niveau émotionnel de l'élève. Cela permet d'obtenir une vision plus globale de son expérience d'apprentissage, permettant ainsi aux enseignants de fournir des conseils là où ils sont le plus nécessaires.

L'analyse prédictive est un autre élément clé des systèmes d'enseignement basés sur les données, et l'IA améliore considérablement ses capacités. En étudiant les données historiques, les systèmes d'IA peuvent prévoir les résultats futurs en apprentissage et identifier les tendances dans les performances des élèves. Les modèles prédictifs peuvent aider les enseignants à anticiper les difficultés, notamment celles des élèves en difficulté, de ceux qui pourraient avoir besoin de plus de soutien ou de ceux qui sont susceptibles d'exceller et qui ont besoin de matériel plus performant.

Par exemple, l'IA peut identifier les étudiants susceptibles d'échouer en fonction de leurs notes, de leur assiduité et de leur engagement envers le contenu du cours. Grâce à ces informations, les enseignants peuvent intervenir en amont pour proposer des ressources supplémentaires, du tutorat ou des stratégies d'apprentissage personnalisées. D'autre part, l'IA peut également aider à identifier les étudiants qui excellent et leur proposer des opportunités d'enrichissement pour les motiver davantage.

L'analyse prédictive joue également un rôle important dans l'optimisation de la conception pédagogique. En consultant des informations provenant d'autres sources, les enseignants peuvent identifier les domaines de contenu les plus difficiles pour les étudiants, les effets d'apprentissage les plus marqués et les ressources supplémentaires nécessaires. Cela permet l'amélioration continue des programmes et garantit des stratégies de formation sur mesure pour répondre aux besoins de la cohorte de nouveaux arrivants.

L'un des principaux avantages de l'enseignement basé sur les dossiers est la possibilité de proposer des parcours d'apprentissage personnalisés. Les systèmes d'IA analysent les dossiers de nombreuses ressources pour créer des parcours d'apprentissage individualisés pour les élèves. Ces parcours sont ajustés dynamiquement en fonction des données en temps réel, garantissant ainsi à chaque élève le niveau d'engagement et d'accompagnement adéquat.

Par exemple, si un élève éprouve des difficultés dans une matière particulière, l'IA peut lui recommander des ressources supplémentaires, ajuster la difficulté des tâches ou lui proposer des points clés pour l'aider à mieux comprendre le sujet. À l'inverse, si un élève progresse rapidement, l'IA peut lui proposer du contenu plus performant pour le maintenir engagé et stimulant.

Les interventions basées sur les données sont non seulement personnalisées, mais aussi particulièrement ciblées. Les méthodes pédagogiques traditionnelles reposent souvent sur des approches généralisées qui ne répondent pas toujours parfaitement aux besoins précis de chaque élève. Cependant, grâce à l'IA et aux données pédagogiques, les interventions peuvent être plus précises et mieux adaptées au profil d'apprentissage de chaque élève. Il en résulte de meilleurs résultats d'apprentissage et une utilisation plus écologique des ressources pédagogiques.

Les méthodes basées sur les données permettent également de fournir des commentaires en temps réel aux étudiants. Les examens pédagogiques traditionnels, tels que les tests de fin d'année ou les évaluations périodiques, offrent une vision différée des performances des élèves. En revanche, les systèmes basés sur l'IA peuvent fournir des commentaires instantanés sur le travail des élèves, permettant aux débutants d'identifier leurs erreurs et de les corriger avant qu'elles ne s'accumulent.

Par exemple, les structures d'IA des systèmes d'apprentissage en ligne peuvent noter les devoirs instantanément et commenter les points précis où l'élève s'est trompé. Cela permet aux étudiants de vérifier et d'affiner leurs connaissances immédiatement, favorisant ainsi une stratégie d'apprentissage plus efficace et plus pertinente. Le feedback en temps réel favorise une attitude de développement en renforçant l'idée que les erreurs font partie intégrante du processus d'apprentissage, favorisant ainsi une amélioration continue.

De plus, la collecte et l'analyse de statistiques en temps réel permettent aux enseignants d'adapter leurs méthodes pédagogiques à la volée. Si une leçon ou un intérêt particulier ne trouve pas d'écho auprès des élèves, ils peuvent immédiatement adapter leur approche en fonction des données fournies par les structures d'IA. Cette flexibilité et cette adaptabilité sont essentielles pour créer un environnement propice à l'épanouissement des élèves.

Si les structures d'IA et les méthodes factuelles se concentrent principalement sur les résultats des élèves, elles offrent également de nombreux avantages aux enseignants. En interprétant les dossiers pédagogiques, l'IA peut aider les enseignants à optimiser leurs méthodes de coaching. Les outils d'IA peuvent identifier les stratégies de coaching les plus efficaces auprès de groupes d'élèves précis, les connaissances sportives les plus stimulantes et les domaines nécessitant une attention particulière.

Par exemple, l'IA peut analyser l'impact de différentes méthodes de coaching sur les résultats d'apprentissage des élèves. Si une approche est efficace pour les débutants visuels, mais pas pour les débutants auditifs, les données peuvent aider les enseignants à adapter leurs stratégies pédagogiques afin de mieux répondre aux besoins de différents débutants. Cela permet un développement continu des pratiques de coaching et garantit que les enseignants utilisent des méthodes fondées sur des preuves et adaptées aux besoins des élèves.

De plus, l'analyse basée sur l'IA peut contribuer à réduire la charge de travail des enseignants en automatisant leurs responsabilités, notamment la notation et les obligations administratives. Les enseignants peuvent ainsi consacrer plus de temps à l'interaction directe avec les élèves et à un accompagnement personnalisé. En libérant du temps, les méthodes basées sur l'information permettent aux enseignants de se concentrer sur les matières qui les intéressent le plus: susciter l'intérêt des élèves et favoriser un environnement d'apprentissage optimal.

Avec l'évolution constante des technologies, les capacités des méthodes pédagogiques basées sur les statistiques ne feront que croître. L'intégration de l'IA aux technologies émergentes, telles que l'acquisition de connaissances sur les appareils, le traitement du langage naturel et l'informatique cognitive, permettra une compréhension encore plus approfondie des styles et comportements d'apprentissage des élèves. Ces avancées promettent des systèmes d'apprentissage encore plus personnalisés, performants et inclusifs.

Par ailleurs, l'utilisation croissante de l'information dans l'éducation soulève d'importantes questions quant à la confidentialité et à la sécurité des données. À mesure que les données éducatives deviendront plus spécifiques et plus granulaires, il est essentiel de garantir la protection et l'utilisation éthique des dossiers sensibles des élèves. Des cadres de gouvernance statistique appropriés pourraient s'avérer nécessaires pour préserver la confidentialité tout en permettant de bénéficier des avantages d' une éducation basée sur les données.

Les techniques pédagogiques basées sur les données et l'IA transforment la manière dont les enseignants enseignent et dont les étudiants étudient. Grâce à l'analyse d'importantes quantités de statistiques pédagogiques, l'IA permet une apprentissage personnalisé des histoires, des analyses prédictives et un retour d'information en temps réel, autant d'éléments qui contribuent à de meilleurs résultats d'apprentissage. À mesure que l'IA s'adaptera, la capacité à mettre en œuvre des interventions plus ciblées et plus efficaces augmentera, rendant l'enseignement plus personnalisé et plus attentif aux besoins des utilisateurs. En accordant une attention particulière à la confidentialité des données et aux questions éthiques, les méthodes basées sur les données continueront de façonner l'avenir de l'éducation de manière approfondie.

2.4. Gamification et IA dans les parcours d'apprentissage

L'intégration de la ludification et de l'intelligence artificielle dans les environnements pédagogiques représente une évolution profonde dans la conception, l'introduction et l'apprentissage de l'apprentissage. Face aux difficultés rencontrées par les modèles traditionnels d'apprentissage pour maintenir l'engagement à l'ère numérique, les enseignants et les développeurs se sont tournés vers des mécanismes basés sur le jeu pour raviver la motivation des élèves. Parallèlement, l'IA a permis des niveaux exceptionnels d'adaptabilité et de personnalisation, permettant d'adapter ces récits ludifiés aux besoins des nouveaux arrivants en temps réel. La convergence de ces deux paradigmes efficaces – ludification et IA – a non seulement redéfini la structure de l'apprentissage, mais a également renforcé le rôle des apprenants, passant du statut de récepteurs passifs à celui d'acteurs actifs de leur parcours éducatif.

La gamification, par essence, implique l'application de facteurs de conception sportive, tels que les facteurs, les niveaux, les situations exigeantes, les badges, les classements et les récompenses, à des contextes non ludiques, principalement l'entraînement. Les fondements psychologiques de la gamification s'appuient sur les théories de la motivation, notamment l'idée d'engagement personnel, qui met l'accent sur le besoin d'autonomie, de compétence et d'appartenance. Dans les environnements d'apprentissage, ces besoins se traduisent par des expériences interactives et enrichissantes qui favorisent un engagement cognitif plus profond. Cependant, la gamification, prise isolément, peut tomber dans le piège d'une approche universelle: motivante pour certains élèves, inutile, voire frustrante pour d'autres. C'est là que l'IA intervient comme un partenaire essentiel, permettant aux systèmes gamifiés d'être non seulement engageants, mais aussi dynamiquement adaptatifs.

Les algorithmes d'IA des systèmes d'apprentissage actuels peuvent analyser de grandes quantités de données sur les apprenants, allant des indicateurs comportementaux comme le temps passé en tâche, les types d'erreurs et les séquences d'interactions aux indicateurs cognitifs, tels que la maîtrise du niveau de difficulté et les facteurs de baisse d'engagement. Grâce à ces données, l'IA peut concevoir un parcours ludique adapté aux choix personnels, aux objectifs et aux caractéristiques de performance de l'apprenant. Par exemple, un élève qui répond systématiquement bien aux tâches pourrait se voir proposer un nombre croissant de missions complexes de type sport, tandis qu'un autre élève qui manifeste de l'anxiété face à un stress agressif pourrait se voir proposer un parcours d'apprentissage plus exploratoire et narratif.

L'un des apports majeurs de l'IA à l'apprentissage ludique réside dans les commentaires en temps réel. Contrairement aux structures traditionnelles qui proposent des commentaires standardisés ou non ponctuels, les plateformes d'IA peuvent interpréter instantanément les progrès d'un apprenant et lui fournir des conseils, des encouragements ou un soutien correctif sur mesure. Par exemple, des systèmes de tutorat intelligents intégrés à un environnement ludique peuvent simuler un maître de jeu interactif qui ajuste le récit ou la progression du niveau en fonction de la capacité de l'apprenant à assimiler les normes. Cela permet aux débutants de rester dans leur zone de progression optimale, évitant ainsi l'ennui face à des tâches trop faciles et la frustration face à des situations trop complexes.

Un autre élément clé de cette synergie réside dans la technologie dynamique du contenu. Grâce au traitement naturel du langage et à la génération procédurale de contenu, l'IA peut créer de nouveaux scénarios, questions ou défis au sein d'un système ludique, rendant l'apprentissage plus fluide et moins répétitif. Les applications d'apprentissage des langues comme Duolingo, par exemple, utilisent l'IA pour déterminer l'équilibre idéal entre révision et nouveau contenu, en ajustant les formats de cours et le niveau des problèmes en fonction des performances de l'utilisateur et de son ancienne courbe d'apprentissage. Les récompenses ludiques (séries, cœurs, couronnes) ne sont pas appliquées uniformément, mais sont optimisées par des algorithmes pour favoriser les comportements d'apprentissage adaptés à chaque individu.

La gamification s'appuie également sur la narration, et l'IA joue un rôle crucial dans la personnalisation des récits qui se déroulent à mesure que les débutants progressent dans leurs responsabilités éducatives. Grâce à l'analyse des sentiments et à l'analyse de l'apprentissage, l'IA peut vérifier l'engagement émotionnel et ajuster les arcs narratifs ou les interactions individuelles pour mieux résonner avec l'apprenant. Dans des environnements immersifs, tels que les salles de cours virtuelles ou les jeux éducatifs pilotés par l'IA, cette capacité transforme des concepts abstraits en expériences vécues. Par exemple, un étudiant en cours de technologie environnementale peut se lancer dans une aventure ludique personnalisée par l'IA, dans laquelle ses choix en jeu, soutenus par du contenu scientifique réel, influencent les écosystèmes, déclenchant des intrigues et des résultats concrets qui approfondissent la compréhension.

Le pouvoir motivationnel de l'opposition et de la collaboration – facteurs clés de la ludification – est également renforcé par l'IA. Les classements, traditionnellement statiques et souvent démotivants pour les élèves les moins bien classés, peuvent désormais être segmentés dynamiquement grâce à l'IA en groupes plus stables sur le plan psychologique, garantissant ainsi à chaque apprenant une satisfaction concrète. L'IA peut créer des « concurrents fantômes », des robots simulant des pairs de même niveau, permettant aux élèves débutants de ressentir un sentiment de progression et de maîtrise sans les effets négatifs des contrastes sociaux souvent observés dans les classements réels.

De plus, l'IA facilite la conception de quêtes d'apprentissage et de missions adaptatives. Il s'agit de parcours prédéfinis, composés de petites situations exigeantes, de type jeu, qui développent cumulativement un concept ou une compétence. Plutôt que de prédéfinir un ensemble statique de tâches, l'IA observe les performances de l'apprenant et réorganise, modifie ou supprime des éléments positifs pour maximiser son efficacité. Un élève en difficulté pourrait acquérir des quêtes plus fondamentales avec de meilleures récompenses immédiates, tandis qu'un apprenant avancé pourrait faire face à des énigmes complexes et recevoir des récompenses symboliques plutôt qu'extrinsèques. Au fil du temps, les modèles d'IA évoluent avec l'apprenant, ajustant l'environnement ludique pour une stimulation cognitive et une fierté émotionnelle optimales.

Il est important de noter que la convergence de la ludification et de l'IA ouvre également de nouvelles possibilités d'évaluation. Les tests traditionnels perturbent souvent le flux d'apprentissage et peuvent ne pas saisir les compétences les plus subtiles. En revanche, les environnements ludifiés par l'IA permettent une évaluation discrète: les étudiants de première année sont évalués en permanence sur leurs actions de jeu, sans être testés ouvertement. Ces examens sont intégrés à l'expérience d'apprentissage et l'IA les utilise pour mettre à jour les profils des apprenants en temps réel. Les enseignants peuvent ainsi obtenir des informations détaillées sur la progression des apprenants, les idées fausses et les opportunités d'apprentissage, sans interrompre l'engagement.

Malgré son potentiel transformateur, la combinaison de l'IA et de la ludification dans l'éducation n'est pas sans poser de défis. Les implications morales de la manipulation comportementale, la confidentialité des données et la dépendance motivationnelle aux récompenses extérieures nécessitent une attention particulière. Une dépendance excessive aux structures d'IA ludifiées pourrait diminuer la motivation intrinsèque ou transformer l'acquisition de connaissances en un ensemble de responsabilités et de récompenses. De plus, des biais dans les algorithmes d'IA ou une mauvaise compréhension de la psychologie des élèves dans la conception des jeux pourraient entraîner l'exclusion ou le désengagement de certaines populations d'apprenants. Il est essentiel de veiller à ce que les systèmes ludifiés basés sur l'IA soient clairs, inclusifs et conformes aux aspirations pédagogiques.

Les enseignants doivent également être habilités à comprendre et à utiliser correctement ces outils. Les programmes de développement professionnel doivent inclure une formation aux concepts de ludification, aux fondamentaux de l'IA et à l'utilisation éthique des technologies. Ce n'est qu'à cette condition que les enseignants pourront intégrer efficacement ces systèmes aux programmes scolaires, au lieu de les utiliser comme des ajouts superficiels.

À l'avenir, la fusion de l'IA et de la ludification garantira un paysage académique plus immersif et réactif. Les technologies émergentes comme la reconnaissance des émotions, les interfaces cerveau- ordinateur et la réalité augmentée amélioreront également la profondeur et l'interactivité des jeux vidéo éducatifs. L'IA pourrait être capable d'appréhender les symptômes de fatigue, de frustration ou de confusion et d'adapter la dynamique du jeu en conséquence, en interrompant éventuellement la mission, en passant à une autre modalité ou en insufflant de l'humour ou de l'empathie via des avatars virtuels.

De plus, la sophistication croissante des modèles d'IA permettra des environnements d'apprentissage ludiques et ultra-personnalisés, dans lesquels chaque élève pratique un jeu sur mesure, fondé sur une pédagogie rigoureuse, mais façonné par ses propres intérêts, habitudes et rythmes. Ces environnements d'apprentissage dépasseront les sujets traditionnels, alliant contenu interdisciplinaire et résolution de problèmes internationaux concrets, de manière à la fois significative et motivante.

La transformation de l'apprentissage des parcours grâce à l'intégration de la ludification et de l'IA ne se résume pas à une simple avancée technologique; elle représente une refonte fondamentale de la méthode pédagogique. Elle positionne les débutants comme des héros de leur propre récit pédagogique, soutenus par des systèmes intelligents qui s'adaptent, guident et encouragent. Ce faisant, elle pose les bases d'un avenir où l'éducation sera non seulement plus performante, mais aussi plus épanouissante, inclusive et centrée sur l'humain, même lorsqu'elle est dispensée par des machines.

La gamification et l'IA, bien qu'harmonisées de manière réfléchie, offrent une grande promesse: un apprentissage qui ressemble à un jeu mais qui atteint l'intensité de l'érudition; des structures qui considèrent les étudiants non plus comme des points de données, mais comme des esprits en évolution; et des salles de classe qui sont aussi dynamiques et attrayantes que le secteur dans lequel les étudiants sont amenés à évoluer.

2.5. Systèmes de mentorat et de tutorat basés sur l'IA

L'intelligence artificielle (IA) exerce de plus en plus une influence transformatrice sur l'éducation, non seulement comme outil de diffusion de contenu, mais aussi comme facilitateur intelligent d'orientation, de mentorat et de tutorat personnalisés. Les modèles pédagogiques traditionnels ne parviennent souvent pas à répondre aux nombreux besoins d'apprentissage des étudiants, notamment dans les environnements de grande taille ou aux ressources limitées. En évaluation, les structures de mentorat et de tutorat pilotées par l'IA offrent une assistance évolutive, adaptative et disponible en permanence, remodelant le rôle de la pratique en imitant et en améliorant l'orientation humaine. Ces systèmes constituent un changement de paradigme dans la façon dont le mentorat et l'accompagnement scolaire sont conceptualisés et mis en œuvre, rendant l'apprentissage plus accessible, réactif et personnalisé.

Fondamentalement, les systèmes de mentorat et de tutorat pilotés par l'IA visent à reproduire ou à améliorer l'aide apportée par un enseignant ou un mentor humain. Cela inclut la clarification de normes complexes, l'orientation techniques de résolution de problèmes, l'encouragement émotionnel et l'adaptation des stratégies pédagogiques aux profils d'apprenants individuels. Grâce aux progrès de l'apprentissage automatique, du traitement automatique du langage naturel (TALN), de la représentation technologique et de la modélisation utilisateur, ces systèmes ont largement évolué depuis leurs premiers prototypes. Aujourd'hui, ils sont capables de simuler le dialogue, d'analyser les comportements d'apprentissage en temps réel, de personnaliser les parcours pédagogiques et même de réagir avec empathie aux émotions des apprenants.

L'une des premières applications de l'IA au tutorat a été le développement des Systèmes de Tutorat Intelligents (STI) dans les années 1980 et 1990. Ces systèmes, ainsi que le Tuteur Cognitif de l'Université Carnegie Mellon et l'AutoTutor de l'Université de Memphis, reposaient sur une IA basée sur des règles qui codait les connaissances du domaine et la compréhension pédagogique. Ils utilisaient une structure à trois niveaux: un modèle de site représentant le nombre de problèmes, un modèle d'étudiant suivant les connaissances et les progrès de l'apprenant, et un modèle pédagogique identifiant les techniques d'apprentissage. Bien que ces systèmes aient été révolutionnaires, ils étaient souvent rigides, coûteux à développer et limités à des domaines spécifiques comme l'algèbre ou la physique.

Avec l'essor des données massives, du cloud computing et des stratégies avancées d'apprentissage automatique dans les années 2010, les systèmes de tutorat basés sur l'IA ont connu une transformation majeure. Les structures modernes ne se limitent plus à des politiques et des arbres de décision prédéfinis; elles s'appuient plutôt sur l'analyse prédictive et la réputation d'échantillons pour s'adapter de manière dynamique. Des systèmes comme Knewton, ALEKS et Squirrel AI en Chine utilisent de vastes ensembles de données pour identifier les lacunes d'apprentissage, anticiper les résultats et adapter la diffusion du contenu en temps réel. Ces plateformes analysent en continu les interactions des utilisateurs, affinant ainsi leurs techniques pédagogiques pour mieux s'adapter à l'état cognitif, au rythme et aux préférences de l'apprenant.

Une caractéristique essentielle des systèmes de tutorat basés sur l'IA réside aujourd'hui dans leur capacité à proposer une évaluation continue et formative. Contrairement aux tests classiques qui fournissent des commentaires après coup, les tuteurs IA peuvent révéler chaque frappe, réponse, hésitation et clic, créant ainsi un profil comportemental détaillé de l'élève. À partir de ces données, le système peut non seulement déduire la maîtrise du contenu, mais aussi acquérir des connaissances sur les stratégies, les niveaux de motivation ou même les états émotionnels. Par exemple, si un élève commet régulièrement des erreurs d'inattention ou montre des signes de désengagement, l'IA peut intervenir avec des messages d'encouragement, proposer un module d'évaluation ou adopter un format pédagogique différent.

Le traitement du langage naturel a également révolutionné le mentorat basé sur l'IA en permettant aux systèmes d'appréhender et de générer un dialogue de type humain. Les vendeurs virtuels, tels que les chatbots ou les tuteurs vocaux, peuvent désormais animer des conversations contextuelles, expliquer des idées, poser des questions approfondies et prodiguer des conseils personnalisés. Ces vendeurs sont capables de simuler les stratégies de pensée socratique, encourageant les étudiants à réfléchir de manière critique et à articuler leur raisonnement. Certaines plateformes intègrent la reconnaissance vocale et l'analyse des sentiments pour détecter le ton, la tension et les signaux affectifs, permettant ainsi à l'appareil de réagir avec empathie et d'adapter son comportement.

Au-delà du tutorat ciblé, l'IA s'intéresse désormais au mentorat holistique, dispensant des conseils sur la définition des intentions, la gestion du temps, les habitudes d'apprentissage et même le développement professionnel. Des mentors virtuels comme Watson Tutor d'IBM ou des partenaires IA sur des plateformes éducatives peuvent aider les étudiants à élaborer des plans d'enseignement, à suggérer des cours adaptés à leurs intérêts professionnels et à leur fournir des rappels et des encouragements motivants. Ces systèmes s'appuient sur des graphiques de données significatifs, des historiques d'utilisateurs et des modèles prédictifs pour générer des conseils intelligents qui évoluent au rythme de l'élève.

Le mentorat par IA est particulièrement précieux dans les contextes où les ressources humaines sont rares ou disponibles de manière irrégulière. Dans les écoles sous-financées, les régions éloignées ou lors de perturbations mondiales comme la pandémie de COVID-19, les systèmes d'IA ont assuré la continuité et l'équité du soutien pédagogique. Ils offrent une accessibilité 24h/24 et 7j/7, des compétences multilingues et la possibilité de servir des milliers d'étudiants simultanément sans compromettre la qualité de l'enseignement. Cette évolutivité fait du mentorat par IA une solution prometteuse pour lutter contre les disparités éducatives et démocratiser l'accès à un soutien pédagogique de qualité.

Une autre tendance émergente est l'intégration du tutorat piloté par l'IA dans des environnements d'apprentissage collaboratifs et sociaux. Les plateformes explorent actuellement comment l'IA peut faciliter le tutorat entre pairs, les sessions d'évaluation en entreprise et les forums de discussion. Par exemple, l'IA peut analyser le communiqué d'une série pour déceler les idées fausses, mettre en avant les contributions précieuses ou suggérer des ressources. Elle peut également associer des étudiants présentant des forces et des faiblesses complémentaires au mentorat entre pairs. Ce faisant, l'IA aide non seulement à former les nouveaux arrivants, mais améliore également la dynamique de l'apprentissage collaboratif.

Malgré ces avantages, la mise en œuvre de structures de mentorat et de tutorat pilotées par l'IA présente des défis majeurs. L'un des principaux enjeux est l'utilisation éthique des données des élèves. Ces systèmes nécessitent l'accès à des données personnelles uniques, notamment des données scolaires, des schémas comportementaux et parfois même des données biométriques. Il est essentiel de garantir que ces données sont collectées de manière transparente, stockées en toute sécurité et utilisées de manière responsable. Il existe également un risque de biais algorithmique: les structures d'IA peuvent involontairement accentuer les inégalités existantes ou fournir des directives non pertinentes basées sur des données éducatives erronées.

La dimension émotionnelle et relationnelle du mentorat humain est un autre domaine dans lequel l'IA rencontre encore des difficultés. Si les tuteurs IA peuvent simuler l'empathie dans une certaine mesure, ils manquent de compréhension réelle, de nuances culturelles et de la morale des mentors humains. Une dépendance excessive aux structures de l'IA pourrait, par inadvertance, dévaloriser les composantes humaines de l'éducation, qui favorisent l'identité, la résilience et la réflexion éthique. Par conséquent, le mentorat par IA doit être perçu comme un complément, et non un substitut, à l'accompagnement humain.

Pour faire face à ces problèmes, les modèles hybrides de mentorat et de tutorat gagnent en popularité. Dans ces modèles, l'IA fournit une assistance de base: traitement des requêtes récurrentes, conseils sur le contenu et suivi des progrès, même lorsque des enseignants interviennent en cas de problèmes complexes, émotionnels ou moraux. Les enseignants peuvent utiliser des tableaux de bord générés par l'IA pour suivre les progrès des élèves, identifier les débutants à risque et adapter leurs interventions plus efficacement. Cette collaboration entre l'humain et l'outil améliore à la fois l'évolutivité et la convivialité.

D'un point de vue conceptuel, la réussite des structures de mentorat IA dépend de leur ergonomie, de leur transparence et de leur adéquation aux objectifs pédagogiques. Les interfaces doivent être intuitives, adaptées aux différences culturelles et attrayantes. La logique des indicateurs IA doit être explicable aux étudiants et aux enseignants, favorisant ainsi la réflexion et l'expérience. De plus, ces systèmes doivent être évalués en permanence afin de garantir leur capacité à atteindre les objectifs et à s'adapter aux différents besoins des étudiants.

À l'avenir, l'avenir du mentorat et du tutorat pilotés par l'IA pourrait être façonné par plusieurs tendances technologiques et sociétales. La création de modèles de langage massifs, notamment basés sur des structures GPT, permet des dialogues plus fluides, contextuels et multi-tours, proches de l'échange verbal humain. L'IA devient plus proactive, anticipant les besoins des apprenants et intervenant avant même l'apparition des difficultés. Les progrès de l'informatique émotionnelle permettront aux structures de répondre plus intelligemment aux émotions des élèves, réduisant ainsi le stress et améliorant l'engagement.

De plus, la convergence de l'IA avec la réalité virtuelle (RV) et la réalité augmentée (RA) créera des expériences de tutorat immersives. Les apprenants pourront accéder à des laboratoires numériques, des simulations historiques ou des espaces collaboratifs de résolution de problèmes où des mentors IA les guideront à travers des tâches complexes dans des environnements riches et interactifs. Ces expériences amélioreront non seulement les résultats d'apprentissage, mais prépareront également les étudiants aux futurs métiers qui exigent adaptabilité, créativité et maîtrise des technologies.

Les structures de mentorat et de tutorat pilotées par l'IA ne sont pas seulement une innovation technologique; elles constituent une réinvention du système éducatif. En fournissant un accompagnement personnalisé, opportun et évolutif, elles permettent de combler les écarts de réussite, de favoriser l'apprentissage tout au long de la vie et de permettre aux étudiants de s'approprier leur parcours éducatif. Cependant, la mise en œuvre de cette capacité nécessite une conception réfléchie, une gouvernance éthique et une compréhension claire des rôles complémentaires des humains et des machines dans le système d'apprentissage.

Dans un monde où les technologies évoluent rapidement et où les modèles d'enseignement traditionnels sont de plus en plus sollicités, les mentors et tuteurs pilotés par l'IA offrent une vision d'apprentissage réactive, inclusive et tournée vers l'avenir. Leur réussite ne dépendra pas de leur capacité à imiter les humains, mais de la précision avec laquelle nous les utiliserons pour soutenir l'esprit humain d'intérêt, de croissance et de connexion.

2.6. Adapter la diffusion de contenu avec l'IA

Le processus de diffusion de contenu en formation a toujours suivi une méthode uniforme, linéaire et standardisée. Que ce soit dans les salles de classe, les manuels scolaires ou les premiers environnements d'apprentissage en ligne, les élèves ont longtemps été soumis au même rythme, aux mêmes supports et aux mêmes stratégies pédagogiques, quels que soient leurs besoins d'apprentissage, leurs compétences ou leurs loisirs. Cette approche, bien que adaptée à l'enseignement de masse, ne tient pas compte de la grande hétérogénéité des apprenants. Avec l'émergence et la maturation de l'intelligence artificielle (IA), cette tension, longtemps présente, est en train de subir une transformation fondamentale. L'IA ne se contente pas de compléter la diffusion de contenu: elle la révolutionne en adaptant les supports de manière dynamique, en adaptant l'expérience éducative à chaque apprenant en temps réel et en créant un environnement où l'éducation s'adapte à l'individu, et non à l'individu qui se conforme à la machine.

L'adaptation de la diffusion de contenu grâce à l'IA renvoie au système par lequel des structures intelligentes régulent la présentation, la forme, le timing, le sujet, la modalité, voire la collecte de supports pédagogiques, en fonction des performances, des choix et des souhaits de chaque apprenant, surveillés en permanence. Contrairement aux systèmes statiques, les structures basées sur l'IA s'appuient sur des données factuelles pour prendre des décisions pédagogiques autrefois réservées aux enseignants experts. Il en résulte une expérience d'apprentissage plus personnalisée, plus attrayante et plus efficace.

Au cœur de ce processus d'édition se trouve la capacité de l'IA à acquérir, interpréter et exploiter un vaste éventail de données sur les apprenants. Il s'agit non seulement de données quantitatives telles que les notes aux tests, le temps passé sur les tâches, les habitudes de clic et la précision des réponses, mais aussi de signaux plus subtils comme le taux d'hésitation, la confiance en soi, les expressions faciales (dans les structures vidéo), le ton de la voix et l'analyse des sentiments. En agrégeant ces statistiques et en les intégrant à des modèles prédictifs et des algorithmes d'apprentissage, les systèmes d'IA créent des profils d'apprenants complets qui déterminent comment, quand et quel contenu doit être délivré.

L'une des premières manifestations de la diffusion de contenu sur mesure par l'IA se manifeste dans les systèmes d'apprentissage adaptatifs, tels que DreamBox (pour l'arithmétique), Smart Sparrow (pour l'enseignement supérieur) et Knewton (pour diverses matières du primaire et du secondaire). Ces systèmes analysent en permanence les réactions des élèves de première année au contenu pédagogique et utilisent des algorithmes pour déterminer l'activité appropriée. Par exemple, si un élève rencontre régulièrement des difficultés avec les multiplications à plusieurs chiffres mais excelle dans les problèmes conceptuels, le système peut s'adapter en fournissant des aides visuelles plus importantes, en décomposant le contenu en étapes plus courtes et en renforçant les compétences arithmétiques fondamentales avant de réintroduire la complexité.

L'IA adapte non seulement le niveau de difficulté, mais aussi la modalité du contenu. Certains débutants peuvent s'épanouir grâce à des explications visuelles, tandis que d'autres peuvent avoir besoin de récits auditifs ou de simulations pratiques. Les structures d'IA, dotées de capacités d'apprentissage automatique, peuvent identifier les formats qui génèrent le meilleur engagement et la meilleure rétention pour chaque apprenant, et finalement fournir le contenu sous la forme la plus optimale. Un étudiant en biologie cellulaire, par exemple, pourra se voir proposer un modèle 3D interactif d'une cellule, tandis qu'un autre pourra également recevoir une animation commentée ou un enseignement textuel, en fonction de ses interactions passées et de ses indicateurs de performance.

De plus, le traitement automatique du langage naturel (TALN) a considérablement accru le potentiel de l'IA pour fournir des contenus personnalisés sous forme linguistique. Les structures pilotées par l'IA peuvent désormais générer des arguments, reformuler des idées complexes et répondre aux questions des élèves dans un langage conversationnel adapté au niveau d'apprentissage et au vocabulaire de l'apprenant. Les chatbots et les tuteurs numériques, alimentés par de grands modèles linguistiques, sont de plus en plus capables de maintenir des dialogues pertinents et contextuels, en fournissant des définitions, des clarifications et des exemples adaptés au niveau de connaissance actuel de l'apprenant.

Dans les applications d'apprentissage des langues, comme Duolingo ou Elsa Speak, l'IA adapte non seulement le contenu, mais aussi le rythme, les accessoires, le type de retour d'information ou encore la fréquence de révision. Ces systèmes analysent la prononciation, les fautes de grammaire et l'engagement de l'apprenant afin de proposer des activités physiques qui comblent les lacunes d'apprentissage sans submerger l'apprenant. L'objectif est de maintenir un équilibre optimal entre mission et soutien, un équilibre que les théoriciens universitaires appellent la « zone d'amélioration proximale ». Les structures d'IA recherchent dynamiquement cette zone pour chaque élève, garantissant que le contenu n'est ni trop simple ni trop complexe.

Un autre domaine important de la diffusion de contenu personnalisé par l'IA est l'apprentissage par l'évaluation. Dans ce contexte, les tests formatifs sont intégrés de manière transparente à l'expérience d'apprentissage et leurs résultats influencent immédiatement le contenu ajouté. Au lieu d'attendre les examens de fin d'unité, les systèmes d'IA comparent les apprentissages en continu. En fonction des performances lors des micro-vérifications, l'IA décide d'améliorer l'élève, de revisiter certains sujets ou de proposer du contenu par le biais d'exemples et d'analogies. Cela crée une boucle de commentaires où l'évaluation et l'orientation sont étroitement liées, améliorant ainsi l'efficacité et la performance.

L'IA joue également un rôle important dans l'adaptation du séquençage des contenus, en déterminant l'ordre d'enseignement des matières ou des compétences. Alors que les programmes traditionnels suivent une progression linéaire, l'IA permet des parcours non linéaires et flexibles qui s'adaptent à la progression de l'apprenant. Par exemple, dans un cursus en informatique, un élève peut ignorer le bon sens conditionnel fondamental si ses résultats indiquent une maîtrise, et être orienté vers des tâches de questionnement algorithmique plus avancées. À l'inverse, un autre apprenant ayant des difficultés en syntaxe peut se voir proposer des modules plus fondamentaux avant son inscription. Cela permet une pédagogie différenciée à grande échelle.

Au-delà de l'édition individuelle, l'IA est de plus en plus utilisée pour personnaliser la diffusion du contenu au niveau de la classe ou de la cohorte. Les structures intelligentes peuvent analyser les données agrégées d'un groupe et recommander des plans de cours différenciés à l'enseignant, en regroupant les élèves selon leurs besoins, leurs styles ou leurs progrès. Cela permet une gestion plus efficace de la classe et garantit que chaque élève reçoit un accompagnement pédagogique adapté, même dans les classes à niveaux variés ou mixtes.

L'analyse contextuelle est un autre domaine en plein essor. Les systèmes d'IA commencent à mémoriser l'environnement, le monde émotionnel et la charge cognitive de l'apprenant. Si un élève utilise un appareil mobile dans un environnement bruyant ou distrayant, l'appareil peut également passer à des tâches plus courtes et plus ciblées. Si l'élève semble fatigué ou émotionnellement déconnecté (détecté par la reconnaissance émotionnelle par webcam ou l'analyse comportementale), le système peut mettre le cours en pause, proposer une vidéo de motivation ou passer à une activité ludique pour restaurer la conscience. Ces adaptations contextuelles améliorent non seulement les résultats d'apprentissage, mais aussi le bien-être et la motivation.

De plus, l'IA peut prendre en charge la diffusion de contenus multilingues et la traduction en temps réel, rendant l'éducation plus inclusive pour des populations linguistiquement diverses. Une même leçon peut être automatiquement traduite en plusieurs langues, ou la reconnaissance vocale peut aider les élèves à s'entraîner à la prononciation grâce à des corrections instantanées. L'IA peut également adapter les références et exemples culturels du contenu pour les adapter au patrimoine de l'apprenant, améliorant ainsi la pertinence et la compréhension.

À mesure que la diffusion de contenu adaptatif devient de plus en plus courante, les considérations éthiques deviennent primordiales. Personnaliser le contenu implique de collecter et d'analyser des données sensibles sur les élèves. Garantir la transparence dans l'utilisation des données, maintenir des protocoles de sécurité rigoureux et donner aux élèves et aux enseignants le contrôle des paramètres de personnalisation sont essentiels pour préserver la confiance et protéger la vie privée. De plus, il faut veiller à ce que le modèle ne renforce pas involontairement les stéréotypes ou ne limite pas l'exposition à des contenus diversifiés. Par exemple, si un système d'IA attribue systématiquement des contenus moins difficiles aux élèves initialement en difficulté, il risque de limiter leur potentiel au lieu de les encourager à progresser.

Une autre tâche consiste à garantir la cohérence pédagogique. Si l'IA peut optimiser la diffusion du contenu pour chaque apprenant, elle doit le faire dans le cadre d'un programme qui préserve l'intégrité conceptuelle et répond aux exigences d'apprentissage. L'objectif n'est pas de fournir des fragments d'apprentissage aléatoires, mais de fournir aux nouveaux arrivants des rapports cohérents, significatifs et cumulatifs. Cela nécessite une collaboration étroite entre les développeurs d'IA, les enseignants et les concepteurs académiques.

À l'avenir, le rôle de l'IA dans l'adaptation de la diffusion de contenu devrait se renforcer. Les avancées de l'IA générative permettront aux structures de créer instantanément du contenu entièrement nouveau: exemples, quiz, simulations ou extraits de lecture personnalisés pour l'utilisateur, en fonction de ses besoins et de son contexte. L'intégration avec la réalité augmentée (RA) et la réalité virtuelle (RV) offrira un contenu immersif et adaptatif, réagissant en temps réel aux mouvements, choix et actions des utilisateurs novices. De même, l'IA émotionnellement intelligente affinera la manière dont le contenu est ajouté, en réagissant non seulement aux indicateurs cognitifs, mais aussi aux états affectifs.

L'IA jouera également un rôle essentiel dans l'apprentissage tout au long de la vie, en aidant les adultes à se reconvertir et à se perfectionner correctement. Des parcours d'apprentissage personnalisés pourraient être générés dynamiquement en fonction des aspirations professionnelles, des compétences existantes et de l'historique d'apprentissage, guidant les apprenants grâce à des micro-certifications adaptatives et à des écosystèmes de formation modulaires.

L'adaptation de la diffusion de contenu grâce à l'IA marque un changement profond dans la philosophie et la pratique académiques. Elle transforme l'éducation, passant d'un support statique et produit en série à une expérience dynamique centrée sur l'apprenant. En lisant, en ajustant et en optimisant continuellement la diffusion du contenu, l'IA permet une compréhension plus approfondie, un engagement durable et un accès équitable à une formation de qualité. Si des défis subsistent, la capacité d'adapter l'enseignement au rythme, au style et au potentiel uniques de chaque apprenant n'est pas un rêve, c'est une réalité en devenir.

CHAPITRE 3

Salles de classe assistées par l'intelligence artificielle

3.1. Le rôle physique et numérique de l'IA dans l'éducation

L'intégration de l'intelligence artificielle dans l'éducation a profondément transformé les dimensions physiques et virtuelles des environnements d'apprentissage. La présence de l'IA dans les salles de cours s'étend au-delà des logiciels: elle comprend des assistants robotiques, des plateformes d'apprentissage adaptatif et des infrastructures intelligentes qui complètent les fonctions d'enseignement et d'apprentissage. Dans le monde numérique, les systèmes pilotés par l'IA facilitent l'apprentissage personnalisé, automatisent les tâches administratives et fournissent des commentaires en temps réel aux étudiants et aux enseignants. Comprendre le rôle multiforme de l'IA dans l'éducation nécessite d'analyser son impact sur les salles de classe traditionnelles, les systèmes d'apprentissage en ligne et l'évolution des relations entre génération et pédagogie.

L'un des aspects les plus visibles de l'IA en éducation est sa présence dans les salles de classe. Partout dans le monde, les écoles adoptent des tableaux blancs interactifs, des robots tuteurs pilotés par l'IA et des assistants vocaux pour enrichir l'apprentissage interactif. Ces outils servent d'éducateurs complémentaires, aidant les enseignants à transmettre des consignes, à répondre aux questions des élèves et à proposer des parcours d'apprentissage individualisés.

Des assistants pédagogiques robotisés, par exemple, ont été déployés dans divers contextes éducatifs pour accompagner les élèves dans des matières comme les mathématiques, la technologie et l'apprentissage des langues. Ces assistants, dotés d'IA, peuvent identifier les émotions des élèves, répondre à leurs questions et adapter leurs méthodes d'enseignement en fonction de leurs styles de maîtrise de la personnalité. Leur capacité à traiter et analyser les réponses des élèves en temps réel permet des ajustements pédagogiques dynamiques, garantissant ainsi aux élèves un accompagnement personnalisé et adapté à leurs besoins.

outil majeur de l'IA dans les salles de cours physiques est l'utilisation de systèmes intelligents de surveillance et de gestion des salles de cours. Des caméras pilotées par l'IA peuvent surveiller l'engagement des élèves, détecter les signes de distraction et même évaluer les niveaux de participation. Ces statistiques aident les enseignants à affiner leurs techniques pédagogiques et à créer un environnement de cours plus attrayant. De plus, l'IA peut automatiser les tâches administratives telles que le suivi des présences, la notation des devoirs et l'organisation des plans de cours, allégeant ainsi la charge de travail des enseignants.

Au-delà des cours magistraux, l'IA joue un rôle essentiel dans l'évolution de l'enseignement virtuel. Les structures d'apprentissage en ligne exploitent l'IA pour proposer des contenus personnalisés, évaluer le développement des élèves et valider les ressources en fonction des performances personnelles. Les systèmes de gestion de l'apprentissage (LMS) alimentés par l'IA peuvent suivre le comportement des élèves, identifier les lacunes et proposer des activités physiques adaptées pour améliorer la compréhension.

L'un des aspects les plus transformateurs de l'IA dans l'éducation numérique est l'apprentissage adaptatif. Contrairement aux techniques d'enseignement traditionnelles, les systèmes d'apprentissage adaptatif utilisent des algorithmes d'IA pour analyser les réponses des élèves et modifier le niveau de difficulté des activités sportives en temps réel. Ces structures aident les élèves à progresser à leur propre rythme, en renforçant les principes qu'ils combattent tout en ignorant les connaissances déjà acquises. Cette technique améliore considérablement l'efficacité et la mémorisation des apprentissages.

Les chatbots et les tuteurs numériques alimentés par l'IA sont également devenus des éléments essentiels des environnements d'apprentissage virtuels. Ces outils offrent une assistance instantanée aux étudiants, répondent à leurs questions et les guident à travers des concepts complexes. Dans l'enseignement supérieur, les assistants de recherche pilotés par l'IA aident les étudiants à analyser de grandes quantités de données, à synthétiser des travaux universitaires ou même à générer des informations à partir de modèles acquis par des machines.

Alors que l'enseignement évolue vers un modèle hybride alliant apprentissage en présentiel et en ligne, l'IA comble la distance entre apprentissage physique et virtuel. Les outils de collaboration basés sur l'IA permettent une communication fluide entre élèves et enseignants, où qu'ils soient. Des fonctionnalités telles que la transcription automatique, la traduction en temps réel et les résumés générés par l'IA contribuent à rendre le contenu pédagogique plus accessible à des débutants variés.

L'IA joue également un rôle crucial dans l'évaluation des performances des élèves dans les environnements d'apprentissage hybrides. Les tests traditionnels sont complétés ou remplacés par des évaluations pilotées par l'IA, qui évaluent les connaissances des élèves par une évaluation continue plutôt que par des résultats ponctuels. Les systèmes d'IA peuvent identifier des schémas comportementaux chez les élèves, prédire les résultats scolaires et proposer des stratégies d'intervention pour prévenir les difficultés d'apprentissage.

Malgré ses nombreux avantages, l'intégration de l'IA dans l'éducation pose des défis éthiques et logistiques. Le recours à des dispositifs de surveillance basés sur l'IA, par exemple, suscite des inquiétudes quant à la confidentialité des élèves et à la sécurité des données. Les écoles et les établissements doivent s'assurer que les systèmes d'IA respectent les règles éthiques afin d'éviter les biais, les violations de données et l'utilisation abusive des données des élèves.

Par ailleurs, le rôle de l'IA dans l'évolution des enseignants est peut-être en débat. Si l'IA peut enrichir les apprentissages, elle ne peut pas refléter la dimension humaine, l'intelligence émotionnelle et le mentorat prodigués par les enseignants. Au lieu de transformer les enseignants, l'IA doit être considérée comme un outil qui renforce leurs compétences, leur permettant de se concentrer sur la pensée critique, la créativité et les compétences interpersonnelles.

La place de l'IA dans l'éducation s'étend aux sphères physique et numérique, révolutionnant la façon dont les élèves apprennent et les enseignants forment. Des robots pilotés par l'IA dans les salles de classe aux systèmes d'apprentissage adaptatifs pour la formation en ligne, les innovations issues de l'IA continuent de remodeler le paysage de l'apprentissage. Cependant, la réussite de l'intégration de l'IA repose sur des considérations éthiques, une mise en œuvre efficace et une approche équilibrée qui préserve les facteurs humains essentiels de l'éducation. À mesure que la technologie de l'IA continue de se développer, son impact sur l'éducation va certainement s'accroître, offrant de nouvelles opportunités pour améliorer l'accessibilité, l'engagement et la personnalisation des expériences d'apprentissage.

3.2. Interaction enseignant-élève dans l'éducation améliorée par l'IA

L'intelligence artificielle révolutionne les interactions entre enseignants et étudiants en milieu universitaire. Les méthodes de formation traditionnelles reposent sur la communication directe, l'interaction en face à face et des programmes structurés. Cependant, les outils basés sur l'IA transforment cette dynamique en introduisant des outils d'apprentissage personnalisés, des mécanismes de commentaires automatisés et des systèmes de tutorat intelligents. Si l'IA peut favoriser un apprentissage plus efficace, une question essentielle demeure: quel est son impact sur les relations enseignants-élèves ? Cette section explore l'évolution du rôle de l'IA en classe, son impact sur les interactions enseignants-élèves et les défis de son intégration tout en préservant l'essence humaine de l'éducation.

L'IA sert de passerelle entre les étudiants et les enseignants en automatisant les tâches administratives, en fournissant des conseils personnalisés et en renforçant l'engagement. Les plateformes d'IA analysent les performances des élèves en temps réel, permettant aux enseignants de bénéficier d'un accompagnement personnalisé, évitant ainsi de consacrer trop de temps à la notation, à l'élaboration des plans de cours et à l'évaluation.

Par exemple, les systèmes de contrôle de l'apprentissage (LMS) pilotés par l'IA favorisent la progression des étudiants en musique et proposent un contenu personnalisé. Ces systèmes identifient les domaines dans lesquels les étudiants se battent et proposent des jeux physiques sur mesure, permettant aux enseignants d'apporter un soutien ciblé. L'IA facilite également la traduction, rendant l'enseignement plus accessible dans les salles de cours multilingues.

De plus, les chatbots et les assistants virtuels permettent aux élèves de poser des questions à tout moment, même en dehors des heures de cours. Les tuteurs IA proposent des commentaires instantanés, permettant aux élèves de mettre en pratique les concepts à leur rythme. Cela allège la charge de travail des enseignants tout en garantissant aux élèves un soutien continu.

Cependant, si l'IA améliore les performances, elle n'améliore pas la relation humaine entre enseignants et élèves. Le soutien émotionnel, le mentorat et la motivation demeurent des éléments essentiels de l'éducation que l'IA ne peut pleinement reproduire.

L'un des apports majeurs de l'IA à la formation est l'apprentissage personnalisé. Contrairement aux stratégies traditionnelles qui traitent tous les étudiants de la même manière, l'IA adapte la formation aux styles d'apprentissage, aux préférences et au développement de chacun.

Les systèmes d'apprentissage adaptatif alimentés par l'IA analysent les données des élèves et adaptent les problèmes pédagogiques en conséquence. Par exemple, si un élève a des difficultés en algèbre, l'appareil propose des activités physiques supplémentaires, des points par étapes et des processus de résolution de problèmes alternatifs. À l'inverse, si un élève excelle, l'IA introduit des principes plus complexes, le maintenant ainsi motivé.

Du point de vue du formateur, l'apprentissage personnalisé permet d'identifier les élèves en difficulté et d'intervenir avant que leurs performances globales ne déclinent. Les enseignants peuvent utiliser des rapports générés par l'IA pour évaluer l'engagement, la participation et la compréhension des élèves, leur permettant ainsi d'adapter leurs techniques pédagogiques.

Cependant, l'apprentissage personnalisé engendre également des situations exigeantes. Une dépendance excessive aux systèmes basés sur l'IA peut réduire les interactions en face à face entre enseignants et élèves. Si, dans l'ensemble, les élèves interagissent avec l'IA plutôt qu'avec leurs enseignants, ils passeront à côté d'occasions de développer leur esprit critique, leur collaboration et leurs compétences sociales. Il est essentiel de trouver un équilibre entre la personnalisation induite par l'IA et les interactions humaines directes.

L'IA renforce l'engagement des élèves en créant des exercices d'apprentissage interactifs. La gamification, la réalité virtuelle (RV) et les simulations générées par l'IA rendent l'apprentissage plus immersif et plus agréable. Par exemple, les applications d'apprentissage des langues pilotées par l'IA utilisent la reconnaissance vocale et des quiz adaptatifs pour améliorer la fluidité. De même, les logiciels d'IA basés sur la RV permettent aux élèves d'explorer des activités anciennes, de réaliser des expériences technologiques virtuelles et d'aborder des concepts complexes de manière pratique.

L'IA joue également un rôle dans la promotion de la collaboration. Des forums de discussion intelligents analysent les contributions des élèves et proposent des sujets pertinents, favorisant ainsi des discussions plus approfondies. Des outils d'évaluation par les pairs, alimentés par l'IA, facilitent les retours positifs, permettant aux élèves d'apprendre les uns des autres.

Malgré ces avancées, l'engagement basé sur l'IA devrait compléter, plutôt que remplacer, l'interaction humaine. Le rôle d'un formateur va au-delà de la simple transmission de contenu; il suscite l'intérêt, stimule la créativité et offre un soutien émotionnel. Si l'IA améliore la participation, le formateur reste la pierre angulaire d'une expérience pédagogique enrichissante.

L'intégration de l'IA dans les interactions enseignant-élève présente de nombreuses situations exigeantes:

1. Dépendance excessive à l'IA – Si l'IA gère la plupart des interactions avec les élèves, le rôle de l'enseignant risque de devenir secondaire. Les élèves pourraient également se tourner

vers l'IA pour trouver des réponses au lieu de développer leurs compétences en résolution de problèmes.

2. Confidentialité et sécurité des données – Les systèmes d'IA collectent des volumes importants de dossiers d'étudiants. Il est essentiel de garantir la confidentialité et l'utilisation éthique de ces statistiques pour les garder à l'esprit.

3. Équité et accessibilité – L'éducation basée sur l'IA doit être inclusive. Les disparités d'accès aux outils d'IA devraient creuser la fracture numérique, désavantageant ainsi les élèves des milieux défavorisés.

4. Biais dans les algorithmes d'IA – Les systèmes d'IA doivent étudier sur différents ensembles de données pour éviter les biais qui pourraient avoir un effet sur les règles d'apprentissage personnalisées.

5. Relations humaines dans l'apprentissage – L'éducation ne se résume pas à la compréhension du transfert; elle repose sur le mentorat, l'encouragement et les relations humaines. L'IA doit contribuer aux relations humaines en classe, et non les remplacer.

L'IA transforme les interactions entre enseignants et élèves en personnalisant l'apprentissage, en automatisant les tâches et en améliorant l'engagement. Si l'IA améliore les performances, elle ne peut remplacer le mentorat, le soutien émotionnel et la créativité que les enseignants apportent en classe. Le défi consiste à intégrer l'IA de manière à améliorer les interactions humaines plutôt qu'à les réduire. En trouvant cet équilibre, l'IA peut devenir un allié précieux de l'éducation, donnant aux enseignants et aux élèves les moyens d'apprendre.

3.3. Classes intelligentes et technologies éducatives

Le concept de classes intelligentes a révolutionné l'enseignement traditionnel en intégrant l'intelligence artificielle (IA), l'apprentissage automatique et les technologies virtuelles avancées à l'environnement d'apprentissage. La sophistication croissante des outils pédagogiques basés sur l'IA transforme la manière dont les enseignants enseignent et dont les élèves apprennent. Les classes intelligentes offrent un apprentissage personnalisé, des rapports interactifs et des systèmes d'évaluation automatisés qui améliorent les résultats scolaires. Cependant, l'intégration de ces technologies pose également des défis en matière d'accessibilité, de confidentialité et d'évolution du rôle des enseignants. Ce segment explore l'impact des salles de classe intelligentes, le rôle de la génération pédagogique basée sur l'IA et l'avenir des environnements d'apprentissage virtuels.

Les salles de classe intelligentes ont considérablement évolué par rapport aux stratégies d'encadrement traditionnelles, qui reposaient sur les manuels scolaires, les tableaux noirs et l'enseignement direct dispensé par un formateur. L'intégration des outils virtuels a commencé avec les projecteurs, les ressources en ligne et les premiers systèmes de gestion de l'apprentissage (LMS). Aujourd'hui, les salles de classe intelligentes, alimentées par l'IA, utilisent l'analyse des dossiers en temps réel, des systèmes d'apprentissage adaptatifs et des technologies interactives pour créer des environnements d'apprentissage dynamiques.

Les principales caractéristiques des salles de cours intelligentes sont les suivantes:

• Apprentissage adaptatif piloté par l'IA qui personnalise l'enseignement en fonction des performances individuelles des élèves.

• Vérité augmentée (AR) et réalité virtuelle (VR) pour des études de mastering immersives.

• Tableaux blancs interactifs et équipements de collaboration virtuelle qui embellissent l'engagement.

• Structures de présence et d'évaluation automatisées alimentées par l'analyse de l'IA.

• Chatbots IA et assistants virtuels qui fournissent une aide en temps réel aux étudiants et aux instructeurs.

Ces technologies permettent aux enseignants d'aller au-delà des stratégies de coaching universelles, en s'assurant que chaque élève reçoit une pratique personnalisée adaptée à son rythme et à son style d'apprentissage.

La génération pédagogique pilotée par l'IA transforme fondamentalement la façon dont les enseignants forment en automatisant les tâches de routine, en améliorant la conception des programmes et en présentant des informations basées sur les données.

L'IA allège la charge administrative des enseignants, leur permettant de se concentrer sur l'engagement direct des élèves. Les tâches telles que la notation des devoirs, la planification et le suivi de l'assiduité sont de plus en plus gérées par des systèmes basés sur l'IA.

Par exemple, les outils de notation assistés par l'IA analysent les réponses des élèves et offrent un retour immédiat, ce qui permet aux enseignants d'économiser des heures de notation. Les systèmes automatisés de présence utilisent la reconnaissance faciale pour suivre la présence des élèves, évitant ainsi les appels.

L'un des principaux avantages de l'IA dans les salles de cours intelligentes est sa capacité à adapter les cours à chaque élève. L'apprentissage adaptatif des structures analyse les données de performance en temps réel et ajuste le contenu en conséquence.

Par exemple, si un élève éprouve des difficultés avec un concept mathématique spécifique, l'IA peut lui proposer des événements sportifs supplémentaires, des vidéos explicatives ou des simulations interactives. À l'inverse, les élèves plus avancés peuvent accéder à des contenus plus complexes, garantissant ainsi un engagement continu.

Les structures de tutorat pilotées par l'IA offrent aux étudiants une assistance à la demande, proposant des motivations et des activités sportives à chaque fois que nécessaire. Les chatbots, basés sur le traitement naturel du langage (TALN), peuvent répondre à des questions courantes, recommander des contenus d'étude et guider les étudiants sur des sujets complexes.

Les tuteurs IA comblent la distance entre l'enseignement en classe et le regard impartial, garantissant que les étudiants reçoivent une aide continue en dehors des heures de cours.

Les salles de classe intelligentes contiennent des technologies émergentes telles que la réalité augmentée (AR), la réalité virtuelle (VR) et la gamification pour rendre l'apprentissage plus attrayant et interactif.

Les technologies AR et VR permettent aux étudiants d'explorer des sujets d'une manière que les stratégies traditionnelles ne permettent pas.

• Voyages virtuels dans la région: les élèves peuvent se rendre sur des sites antiques, découvrir le système solaire ou participer à des expériences de technologie numérique.

• Simulations médicales et d'ingénierie: les étudiants en médecine peuvent exercer des techniques chirurgicales à l'aide de la réalité virtuelle, tandis que les étudiants en ingénierie peuvent concevoir et tester des systèmes dans un environnement numérique.

• Amélioration des connaissances linguistiques: les outils de traduction basés sur la réalité augmentée aident les étudiants à apprendre de nouvelles langues grâce à des expériences immersives.

Ces technologies créent des expériences d'apprentissage attrayantes et pratiques qui améliorent la rétention des connaissances et des informations.

La gamification applique des principes de conception ludique aux environnements scolaires pour stimuler la motivation et la participation. Les jeux éducatifs pilotés par l'IA récompensent les élèves pour leurs progrès, fournissent des commentaires instantanés et adaptent la difficulté en fonction des performances.

l'apprentissage continu grâce à des points, des badges et un suivi des progrès.

En rendant l'apprentissage amusant et interactif, la gamification améliore l'engagement des étudiants et favorise une compréhension plus approfondie de sujets complexes.

Bien que les salles de classe intelligentes offrent de nombreux avantages, elles présentent également plusieurs défis et préoccupations morales qui doivent être abordés:

Tous les étudiants n'ont pas le même accès à la technologie éducative basée sur l'IA. Les disparités socio-économiques peuvent limiter l'accès aux salles de classe intelligentes, créant ainsi un fossé scolaire entre les groupes privilégiés et les groupes défavorisés. Garantir un accès généralisé aux outils d'apprentissage basés sur l'IA est essentiel pour l'équité académique.

Les structures académiques pilotées par l'IA collectent d'énormes quantités de données sur les élèves, ce qui suscite des inquiétudes quant à la confidentialité et à la sécurité. Les écoles et les établissements doivent appliquer des mesures strictes de protection des données pour protéger les données des élèves et empêcher toute utilisation non autorisée.

Si l'IA améliore l'efficacité, elle ne peut remplacer le lien humain entre enseignants et étudiants. L'intelligence émotionnelle, le mentorat et l'interaction sociale demeurent des aspects importants de la formation. L'enjeu consiste à intégrer l'IA de manière à soutenir, au lieu de la remplacer, la dimension humaine de l'enseignement.

Les structures d'IA doivent acquérir des connaissances sur divers ensembles de données afin d'éviter les biais susceptibles d'influencer les résultats scolaires. Mal gérés, les algorithmes d'IA peuvent accentuer les inégalités existantes, favorisant certains groupes par rapport à d'autres.

Alors que l'IA et la génération éducative continuent de s'adapter, l'avenir des salles de classe intelligentes consistera probablement en:

• Des enseignants holographiques propulsés par l'IA qui offrent un enseignement en temps réel.

- Accréditation basée sur la blockchain pour garantir des dossiers pédagogiques stables et vérifiables.

- Maîtrise de l'interface neuronale qui intègre l'IA sans délai à l'activité des ondes cérébrales pour une cognition améliorée.

- Assistants pédagogiques IA autonomes qui aident les enseignants avec des informations en temps réel et une planification automatisée des cours.

Le but des salles de cours intelligentes n'est pas toujours de mettre à jour l'enseignement traditionnel, mais de l'embellir en fournissant des révisions d'apprentissage personnalisées, efficaces et attrayantes.

Les salles de classe intelligentes et les technologies pédagogiques basées sur l'IA révolutionnent l'apprentissage en personnalisant l'enseignement, en améliorant l'engagement et en automatisant les tâches administratives. Si ces avancées offrent d'énormes avantages, les défis liés à l'accessibilité, à la confidentialité et à l'évolution du rôle des enseignants doivent être relevés. L'avenir de l'éducation réside dans la recherche d'un équilibre entre les interactions humaines et technologiques, en veillant à ce que l'IA complète les techniques d'enseignement traditionnelles plutôt que de les remplacer.

CHAPITRE 4

Dimensions éthiques et sociales de l'IA dans l'éducation

4.1. Questions éthiques dans l'éducation avec l'IA

L'intégration de l'intelligence artificielle (IA) dans l'éducation suscite de nombreuses préoccupations éthiques qui doivent être prises en compte pour garantir que cette évolution technologique soit à la fois utile et pertinente. Le potentiel de l'IA à révolutionner l'éducation est immense, mais elle comporte également des risques qui pourraient impacter les étudiants, les enseignants et la société dans son ensemble.

L'un des problèmes moraux les plus pressants liés à l'IA dans l'éducation est la partialité. Les structures d'IA sont formées à partir de grands ensembles de données, et si ces ensembles de données contiennent des statistiques biaisées, l'IA peut par inadvertance perpétuer, voire amplifier, ces biais. Par exemple, si les structures d'IA utilisées pour la notation ou l'évaluation s'appuient sur des données biaisées favorisant certains groupes démographiques, les étudiants issus de groupes sous-représentés peuvent également être exposés à des risques injustes. Cela pourrait entraîner des disparités dans les résultats scolaires et saper les principes d'égalité et d'équité que les systèmes éducatifs s'efforcent de défendre.

De plus, les biais de l'IA peuvent avoir un impact non seulement sur la notation, mais aussi sur les connaissances d'apprentissage personnalisées. Les algorithmes d'IA qui analysent les performances des élèves et proposent des ressources d'apprentissage sur mesure peuvent également privilégier par inadvertance des contenus reflétant certains biais culturels, socio-économiques ou sexistes. Il est essentiel que les enseignants, les décideurs politiques et les développeurs d'IA collaborent pour résoudre ces problèmes en veillant à ce que les ensembles de données d'apprentissage soient variés, représentatifs et exempts de biais susceptibles d'avoir un impact négatif sur les populations d'élèves vulnérables.

Un autre problème éthique majeur est celui de la confidentialité. Les technologies d'IA dans l'éducation nécessitent souvent la collecte et l'analyse d'énormes quantités de statistiques personnelles pour créer des rapports d'apprentissage personnalisés. Ces données peuvent également inclure des statistiques sensibles sur le parcours scolaire, le comportement, la condition physique ou même les interactions sociales d'un élève. L'ampleur de ces données accroît les inquiétudes quant à la sécurité et à la confidentialité des dossiers scolaires.

Les écoles et les établissements d'enseignement doivent veiller à la transparence sur la manière dont les informations des élèves sont collectées, conservées et utilisées. Des directives claires sur le consentement doivent être établies, et les élèves (et leurs tuteurs) doivent être pleinement informés des données collectées et de leur utilisation. De plus, des mesures de cybersécurité strictes doivent être mises en place pour protéger ces données contre tout accès non autorisé ou violation, car des données sensibles pourraient être exploitées si elles étaient découvertes.

La capacité de l'IA à suivre et à analyser les progrès des élèves en temps réel soulève également des questions sur la surveillance. Si le retour d'information en temps réel peut être utile pour un apprentissage personnalisé, il existe une frontière essentielle entre la présentation d'informations pertinentes et l'atteinte à l'autonomie et à la vie privée des élèves. Trouver le juste équilibre entre éducation basée sur l'information et respect de la vie privée est essentiel pour garantir une utilisation éthique des technologies de l'IA dans les contextes éducatifs.

Alors que l'IA s'intègre de plus en plus aux environnements académiques, le rôle des enseignants se pose. Certains soutiennent que l'IA devrait remplacer les enseignants humains ou réduire leur autorité en classe. Si l'IA peut contribuer à automatiser les tâches administratives, la notation et la fourniture de ressources d'apprentissage personnalisées, le rôle de l'enseignant dans l'accompagnement des étudiants, le soutien émotionnel et la promotion des interactions sociales reste irremplaçable.

La question éthique porte ici sur la manière dont l'IA peut compléter et aider les enseignants sans compromettre leur rôle dans le processus pédagogique. L'IA doit être considérée comme un outil qui responsabilise les enseignants et les aide à se concentrer davantage sur des tâches de niveau supérieur, comme l'engagement des étudiants et la réflexion critique, plutôt que comme un substitut à la relation enseignant-élève. Les enseignants doivent s'impliquer dans la mise en œuvre de l'IA en classe afin de s'assurer qu'elle complète, plutôt que de remplacer, leurs pratiques pédagogiques.

L'intégration de l'IA dans l'éducation pourrait exacerber les inégalités actuelles. Si l'IA permet d'offrir des expériences d'apprentissage personnalisées et d'accompagner des étudiants aux besoins variés, elle nécessite également des investissements importants en technologies et en infrastructures. Les établissements scolaires des régions les plus riches pourraient également avoir accès à des outils pédagogiques avancés basés sur l'IA, contrairement aux établissements scolaires des groupes sous-financés ou marginalisés.

Cette fracture numérique crée un dilemme moral, car l'accès inégal aux ressources éducatives basées sur l'IA devrait entraîner des disparités supplémentaires en matière de réussite scolaire. Les élèves des régions défavorisées ne bénéficieront pas des mêmes opportunités que leurs camarades plus aisés, ce qui creusera l'écart de réussite. Pour atténuer ce problème, les gouvernements, les enseignants et les entreprises technologiques doivent collaborer afin de garantir un accès équitable aux outils et ressources éducatives basés sur l'IA pour tous les élèves, quel que soit leur milieu socio-économique.

Le rôle de l'IA dans l'éducation suscite également des inquiétudes quant à l'autonomie des élèves et à leur dépendance excessive à la technologie. Comme les systèmes d'IA proposent des rapports d'apprentissage sur mesure, les élèves risquent de devenir trop dépendants de la technologie pour guider leur apprentissage, ce qui entraîne un manque de motivation personnelle, de réflexion critique et de compétences en résolution de problèmes. L'éducation doit viser à favoriser la pensée indépendante, la créativité et l'apprentissage continu, plutôt que de former des débutants passifs qui dépendent uniquement des structures d'IA pour déterminer ce qu'ils apprennent et comment.

Pour résoudre ce problème, il est essentiel de veiller à ce que les outils d'IA ne prennent pas le pas sur l'importance de l'intervention humaine dans l'acquisition des connaissances. Les étudiants doivent être encouragés à réfléchir sérieusement au contenu qui leur est proposé par les structures d'IA et à interagir activement avec les supports pédagogiques. L'IA peut guider l'apprentissage, mais elle ne doit en aucun cas remettre en question le rôle des étudiants dans la gestion de leur propre éducation.

Les implications morales de l'IA dans l'éducation se répercutent également sur la conception et la mise en œuvre. À mesure que les technologies d'IA sont intégrées aux environnements éducatifs, il est essentiel qu'elles soient accessibles, inclusives et conçues en tenant compte des besoins de tous les élèves. Les outils d'IA ne doivent pas privilégier certains styles d'apprentissage, handicaps ou origines culturelles, tout en négligeant les autres.

Une conception inclusive est essentielle pour garantir que l'IA fonctionne pour tous, y compris les étudiants en situation de handicap. Par exemple, les outils d'IA peuvent être utilisés pour offrir des fonctionnalités de synthèse vocale aux étudiants malvoyants ou pour adapter les supports d'apprentissage aux étudiants en difficulté d'apprentissage. Cependant, le développement des outils d'IA doit impliquer des équipes diversifiées, capables de comprendre et de prendre en compte les besoins de tous les étudiants, afin d'éviter que la technologie exclue ou désavantage certains groupes par inadvertance.

Enfin, se pose la question de l'impact moral à long terme de l'IA sur l'éducation. À mesure que l'IA continue de s'adapter et de se perfectionner, elle entraînera des changements importants dans la perception de l'éducation par la société. L'éducation basée sur l'IA contribuera-t-elle à une société plus informée et plus compétente, ou renforcera-t-elle les fractures sociales et économiques actuelles ? Valorisera-t-elle les capacités humaines, ou réduira-t-elle l'autonomie et la créativité humaines ?

Ces questions cruciales nécessitent une attention particulière. Les cadres éthiques relatifs à l'IA en formation doivent tenir compte des performances à long terme de l'époque et s'efforcer de créer un avenir où l'IA contribue et enrichit l'apprentissage humain, au lieu de le dégrader.

Les enjeux éthiques liés à l'IA dans l'éducation sont complexes et multiformes, englobant des préoccupations concernant les préjugés, la confidentialité, le rôle des enseignants, l'accès, l'autonomie, l'équité et l'impact à long terme de la technologie. Alors que l'IA continue de façonner l'avenir de l'éducation, il est crucial que ces enjeux éthiques soient abordés de manière à promouvoir l'équité, l'inclusion et le bien-être de tous les élèves. En adoptant une approche réfléchie et collaborative de l'intégration de l'IA, nous pouvons garantir que cet outil performant soit utilisé de manière responsable et efficace pour enrichir l'expérience d'apprentissage des générations futures.

4.2. IA et confidentialité des étudiants

L'intelligence artificielle (IA) révolutionne l'éducation, mais elle soulève également d'importantes questions éthiques concernant la confidentialité des données personnelles des élèves. À mesure que les systèmes d'IA s'intègrent de plus en plus aux environnements pédagogiques, de grandes quantités de données sur les élèves sont collectées, traitées et stockées, ce qui soulève des questions sur la sécurité des données personnelles.

Les systèmes d'IA en formation s'appuient sur la collecte de grandes quantités de données sur les élèves pour personnaliser les expériences d'apprentissage. Pour proposer du contenu et des commentaires personnalisés, les outils d'IA requièrent souvent des données uniques concernant le parcours scolaire des élèves, leurs résultats aux examens, leurs données comportementales et, parfois, leurs interactions sociales. L'objectif premier est de créer des parcours d'apprentissage individualisés qui favorisent la réussite des élèves, mais cela peut engendrer une atteinte à la vie privée.

Les avantages des séries d'informations dans l'IA pédagogique sont simples, mais les risques pour la vie privée sont considérables. Les données personnelles, notamment les dossiers scolaires, les comportements et même les données biométriques, peuvent faire l'objet d'un accès non autorisé et d'une utilisation abusive. Les établissements d'enseignement doivent s'assurer que le consentement explicite et éclairé des étudiants est obtenu avant la collecte et l'utilisation de leurs données. De plus, les développeurs d'IA doivent faire preuve de transparence sur la gestion des données des étudiants et respecter des politiques strictes de protection des données afin d'éviter toute utilisation abusive.

L'un des principaux avantages de l'IA dans l'éducation est sa capacité à surveiller en permanence l'apprentissage et le comportement des élèves. Les structures d'IA peuvent surveiller la participation des élèves aux cours, leurs résultats aux examens, leur vitesse d'apprentissage ou encore leurs interactions avec le contenu. Ces informations sont précieuses pour optimiser l'apprentissage des études, identifier les points forts et les points faibles des élèves et leur proposer un soutien ciblé.

Cependant, la surveillance continue accroît les inquiétudes quant à la vie privée des étudiants. Le suivi constant de leur comportement devrait leur donner l'impression d'être scrutés ou jugés, ce qui peut engendrer inconfort et tension. Être constamment surveillé peut entraver la liberté d'analyse des étudiants, car savoir que chacun de leurs faits et gestes est enregistré peut être psychologiquement éprouvant. La possibilité d'une surveillance invasive complique le maintien d'un environnement d'apprentissage sain où les étudiants se sentent en sécurité et motivés pour approfondir leurs connaissances.

La sécurité des données des élèves est primordiale lors de l'utilisation de l'IA dans l'enseignement. Les données personnelles collectées par les systèmes d'IA doivent être conservées en toute sécurité, protégées contre tout accès non autorisé et traitées avec la plus grande confidentialité. Étant donné que de nombreux établissements d'enseignement sont entièrement basés sur le cloud, les données des élèves sont stockées sur des serveurs externes, ce qui les expose aux cyberattaques et aux violations de données. Il est essentiel que les établissements d'enseignement mettent en œuvre des mesures de cybersécurité strictes pour protéger la confidentialité des données des élèves.

De plus, les développeurs d'IA doivent respecter des protocoles stricts pour protéger les données, qu'elles soient en transit ou non. Le chiffrement, l'accès aux données et des audits de sécurité réguliers sont essentiels pour empêcher tout accès non autorisé et garantir la confidentialité des données sensibles. Les établissements doivent également offrir aux étudiants une transparence sur l'utilisation de leurs données et sur les protections mises en place pour en assurer la sécurité.

Un autre défi éthique dans l'enseignement par l'IA réside dans l'utilisation non autorisée des données des élèves. Si l'objectif des systèmes d'IA est de personnaliser l'apprentissage et d'améliorer les résultats pédagogiques, il existe un risque que les données soient exploitées à des fins commerciales ou utilisées de manière non prévue initialement. Par exemple, les données des élèves peuvent être vendues à des tiers ou utilisées à des fins de publicité ciblée, ce qui pourrait porter atteinte à la vie privée des élèves.

Pour atténuer ces risques, il est crucial que les systèmes d'IA pédagogiques soient conçus de manière à privilégier la confidentialité. Les données des élèves ne doivent être utilisées qu'à des fins pédagogiques et ne doivent pas être partagées sans leur consentement exprès. De plus, les structures d'IA doivent être transparentes quant à leurs règles d'utilisation des données, et les élèves doivent avoir le contrôle de leurs données personnelles, notamment la possibilité de refuser la collecte de données ou de demander leur suppression.

Le suivi constant permis par l'IA en formation peut également avoir des conséquences psychologiques sur les étudiants. Savoir que chaque passe, solution et interaction est enregistrée peut engendrer de l'anxiété et nuire à leur bien-être mental. Les étudiants peuvent également avoir l'impression de ne pas être évalués régulièrement, ce qui peut nuire à leur apprentissage.

De plus, cette surveillance pourrait réduire l'autonomie et l'estime de soi des élèves. Lorsqu'ils ont le sentiment d'être violés dans leur vie privée, ils seront moins enclins à s'exprimer librement en classe, ce qui limitera leur potentiel d'apprentissage et de développement. La pression de devoir travailler pour un système d'IA plutôt que pour un enseignant humain peut décourager la prise de risques et la créativité, pourtant essentielles à l'apprentissage.

Alors que l'IA s'intègre de plus en plus à l'éducation, il est crucial d'établir des règles éthiques protégeant la vie privée des étudiants. Les établissements d'enseignement, les développeurs d'IA et les décideurs politiques doivent collaborer pour créer un cadre garantissant une utilisation responsable de l'IA tout en respectant la vie privée des étudiants. Ces règles doivent décrire la manière dont les données des étudiants sont collectées, stockées et partagées, ainsi que les mesures prises pour les protéger contre toute utilisation abusive.

Les développeurs d'IA doivent également intégrer la confidentialité dans leurs systèmes par le biais de normes de conception. Cela signifie que les préoccupations en matière de confidentialité sont intégrées dès le début du processus de développement. La transparence et la responsabilité sont des éléments clés de cette approche. Les étudiants doivent être informés de l'utilisation de leurs données et avoir le droit de les contrôler. De plus, les établissements doivent leur permettre d'accéder à leurs données, de les modifier ou de les supprimer s'ils le souhaitent.

Si l'IA a le potentiel de révolutionner l'éducation, il est crucial que la vie privée des étudiants soit protégée au sein du système. Alors que les structures d'IA collectent et traitent de plus en plus de données sur les étudiants, les préoccupations concernant la confidentialité, la protection et l'utilisation éthique des données ne cessent de croître. Les établissements d'enseignement et les développeurs d'IA doivent veiller à protéger la vie privée des étudiants et à garantir une utilisation responsable de l'IA. En privilégiant la transparence, la sécurité et le consentement des étudiants, l'IA peut être exploitée pour améliorer l'enseignement sans compromettre le droit à la vie privée des étudiants.

4.3. L'IA et la relation enseignant-élève

L'intégration de l'intelligence artificielle (IA) dans la formation a profondément transformé la dynamique de l'enseignement et de l'apprentissage. L'une des transformations les plus profondes réside dans la manière dont l'IA transforme la relation entre enseignants et étudiants. Si l'IA peut enrichir les rapports pédagogiques en dispensant un apprentissage personnalisé et en apportant un soutien administratif, elle soulève également des questions sur la nature des relations humaines, le rôle des enseignants et l'impact de l'apprentissage sur les aspects émotionnels et sociaux.

À mesure que les outils d'IA gagnent en importance dans les milieux éducatifs, le rôle des enseignants évolue. Dans de nombreux cas, l'IA assume des tâches autrefois exclusivement gérées par les enseignants, comme la notation des devoirs, le suivi des progrès des élèves et la fourniture de commentaires instantanés. Ces technologies permettent aux enseignants de consacrer davantage de temps à développer le questionnement, la créativité et les compétences interpersonnelles, domaines que l'IA ne parvient pas encore à maîtriser efficacement.

L'IA peut aider les enseignants en automatisant les tâches administratives, en fournissant des informations sur les performances des élèves et en proposant des parcours d'apprentissage personnalisés aux étudiants. Par exemple, les systèmes d'apprentissage pilotés par l'IA peuvent suivre le développement des élèves en temps réel, identifier leurs difficultés et proposer des interventions ciblées. Ces données permettent aux enseignants de se concentrer sur les besoins individuels des élèves, améliorant ainsi l'expérience d'apprentissage globale. Les enseignants peuvent ainsi consacrer davantage de temps à l'interaction avec les élèves, les aidant à aborder des sujets complexes et à approfondir leur compréhension du sujet.

Cependant, à mesure que l'IA assume de plus en plus de responsabilités, certains enseignants craignent que leur rôle devienne moins personnel et plus mécanisé. Le sentiment de connexion qui naît de l'interaction humaine – qu'il s'agisse d'encourager, d'apporter un soutien émotionnel ou d'adapter les techniques d'enseignement à des modèles d'apprentissage diversifiés – pourrait également s'atténuer à mesure que l'IA se généralise. Les enseignants pourraient également se retrouver à dépendre davantage de la technologie que de leur instinct et de la compréhension qu'ils ont de leurs élèves. La possibilité de déshumaniser l'expérience éducative est un problème majeur, en particulier dans les environnements où les relations interpersonnelles sont essentielles à la réussite des élèves.

Plutôt que de remplacer les enseignants, l'IA doit être considérée comme un outil complémentaire qui renforce leur capacité à interagir avec les étudiants. L'IA peut gérer des tâches répétitives, comme le travail administratif, tandis que les enseignants se concentrent sur les aspects personnels, émotionnels et sociaux de la formation. Par exemple, les structures de tutorat basées sur l'IA peuvent offrir un soutien supplémentaire aux étudiants en dehors des cours, en leur fournissant des explications personnalisées et en leur proposant des activités physiques. Cela permet aux enseignants d'avoir des interactions en face à face plus enrichissantes avec les étudiants, en répondant à leurs préoccupations spécifiques et en leur fournissant des conseils dans des domaines qui requièrent empathie et compréhension.

Dans ce contexte, la relation enseignant-élève peut évoluer vers un environnement où les enseignants deviennent des facilitateurs d'apprentissage, guidant les élèves à travers des concepts complexes et favorisant un environnement de collaboration et de réflexion critique. L'IA peut fournir les connaissances et les conseils fondamentaux, tandis que les enseignants s'attachent à développer l'intérêt, la créativité et l'intelligence émotionnelle, des compétences essentielles au développement général des élèves. En travaillant avec l'IA, les enseignants peuvent offrir une expérience pédagogique plus personnalisée et centrée sur l'humain, alliant technologie et interaction humaine.

Si l'IA peut enrichir l'expérience éducative de multiples façons, elle présente également un risque de déconnexion émotionnelle. Le principal problème du rôle de l'IA dans l'éducation réside dans sa capacité à réduire le facteur humain de l'enseignement. L'éducation ne se résume pas à la transmission de compétences; il s'agit aussi de développer la confiance, l'empathie et la complicité. Les enseignants jouent un rôle essentiel en aidant les élèves à se sentir valorisés et compris, ce qui peut avoir un impact significatif sur leurs résultats d'apprentissage.

L'IA, de par sa nature, est dépourvue d'intelligence émotionnelle. Si les structures d'IA peuvent être programmées pour répondre aux questions des élèves et s'adapter à leurs besoins, elles ne peuvent pas fournir le soutien émotionnel qu'un enseignant peut offrir. La capacité à encourager les élèves dans les moments de conflit, à comprendre leurs besoins émotionnels et à favoriser un sentiment d'appartenance est un élément essentiel d'un enseignement efficace. L'IA ne peut reproduire les qualités humaines qui rendent ces interactions significatives.

Par exemple, lorsqu'un élève se sent découragé, il peut avoir besoin de plus qu'un simple soutien pédagogique; il a besoin d'empathie, de réconfort et d'encouragements personnalisés. L'IA n'est pas capable d'appréhender ces signaux émotionnels et d'y répondre de manière à favoriser les liens. Cela crée un risque d'isolement ou d'aliénation chez les élèves, surtout dans les situations où le soutien émotionnel ou mental est primordial.

Pour atténuer la déconnexion émotionnelle que l'IA peut également engendrer, il est essentiel que les enseignants privilégient les interactions humaines en classe. Si l'IA peut gérer les différents aspects techniques de l'éducation, le rôle de l'enseignant dans le développement des relations avec les élèves doit rester précieux. Les enseignants doivent maintenir un dialogue affectif et social avec les élèves, en leur fournissant des conseils et une aide que l'IA ne peut pas reproduire.

Les enseignants peuvent utiliser l'IA pour identifier les difficultés scolaires d'un élève, mais il leur appartient toujours de répondre à ses besoins émotionnels. En maintenant une communication ouverte, en créant un environnement d'étude favorable et en favorisant un écosystème d' appréciation mutuelle, les enseignants peuvent s'assurer que les élèves se sentent connectés et valorisés, même dans un cours axé sur la technologie. L'IA ne doit pas remplacer l'aspect humain de la formation, mais doit renforcer la capacité des enseignants à répondre aux différents besoins de leurs élèves.

De plus, il est crucial que les enseignants soient formés à l'utilisation efficace des outils d'IA. Ils doivent acquérir les connaissances et les compétences nécessaires pour exploiter l'IA sans perdre de vue les liens personnels, essentiels à la pédagogie. Ils doivent apprendre à utiliser l'IA pour compléter leur enseignement, en proposant une méthode équilibrée alliant la performance de la technologie à la chaleur et à l'empathie que seuls les enseignants humains peuvent offrir.

Le recours croissant à l'IA dans la formation soulève également des questions éthiques quant au rôle de la technologie dans les interactions formateur-étudiant. Alors que les structures d'IA collectent des données sur les comportements, les performances et même les émotions des étudiants, des questions se posent quant à la propriété de ces informations et à leur utilisation. La collecte et l'utilisation des données des étudiants requièrent transparence et consentement, et les enseignants doivent être conscients des implications morales de l'utilisation d'outils d'IA qui collectent des données personnelles.

De plus, la capacité de l'IA à influencer la dynamique enseignants-chercheurs accroît également les inquiétudes quant à l'équité et aux préjugés. Si les systèmes d'IA ne sont pas conçus avec soin, ils renforceront les préjugés existants ou perpétueront les inégalités dans l'éducation. Par exemple, les algorithmes d'IA peuvent favoriser par inadvertance des populations d'élèves positives ou fournir des indices biaisés basés sur des données incomplètes ou biaisées. Les enseignants doivent veiller à ce que l'IA soit utilisée de manière éthique et à ce qu'elle ne perpétue ni n'exacerbe les disparités éducatives.

La relation enseignant-élève évolue à l'ère de l'IA, la technologie jouant un rôle de plus en plus important dans la manière dont l'enseignement est présenté et dispensé. Si l'IA offre un outil précieux pour améliorer l'apprentissage et aider les enseignants, elle introduit également de nouvelles problématiques liées au lien affectif, aux questions éthiques et à l'équilibre entre technologie et interaction humaine. Les enseignants doivent continuer à jouer un rôle actif dans le développement de relations personnelles avec les élèves, en veillant à préserver la dimension humaine de l'enseignement. En utilisant l'IA pour compléter plutôt que pour actualiser leur formation, les enseignants peuvent créer un environnement d'apprentissage enrichi qui allie le meilleur de deux mondes: la puissance de la technologie et la chaleur du lien humain.

4.4. Gouvernance et sécurité des données dans l'enseignement de l'IA

Dans le domaine en constante évolution de l'éducation axée sur l'IA, la gouvernance et la sécurité des données sont devenues des enjeux cruciaux. À mesure que les établissements d'enseignement et les entreprises technologiques intègrent de plus en plus les systèmes d'IA dans leurs fonctions d'enseignement, d'évaluation et de gestion, de grandes quantités de données sont générées, accumulées et analysées. Ces données comprennent des données personnelles sensibles, des analyses comportementales, des données biométriques et des statistiques de performance. Le contrôle de ces données soulève de profondes questions sur la confidentialité, l'utilisation éthique, la propriété, l'accès et les implications à long terme des décisions algorithmiques.

La gouvernance des données dans la formation en IA fait référence aux directives, normes, approches et technologies utilisées pour gérer la disponibilité, l'utilisabilité, l'intégrité et la sécurité des données. Ces structures de gouvernance garantissent un traitement responsable des données et le respect des cadres juridiques et éthiques applicables. La sécurité, quant à elle, se concentre davantage sur la protection des données contre les accès non autorisés, la corruption ou le vol. Ensemble, elles constituent la base d'un environnement d'apprentissage virtuel équitable.

La première préoccupation dans ce domaine concerne la propriété des dossiers scolaires. Les plateformes d'IA étant souvent fournies par des tiers, la question se pose de savoir qui contrôle les données collectées via ces systèmes. Les données appartiennent-elles à l'élève, à l'équipe ou à l'organisme qui développe l'outil d'IA ? Des cadres réglementaires clairs sont essentiels pour éviter toute exploitation ou utilisation abusive. Des initiatives telles que le Règlement général sur la protection des données (RGPD) en Europe et la loi américaine sur les droits à l'éducation et la vie privée (FERPA) offrent un cadre juridique, mais la dimension internationale de l'enseignement en ligne nécessite une approche plus harmonisée.

Deuxièmement, la confidentialité des données constitue un problème urgent. Les systèmes d'IA s'appuient sur de vastes ensembles de données pour analyser et améliorer leurs modèles. Cependant, l'inclusion de données personnelles identifiables (PII), telles que les noms, les notes, les journaux de comportement et parfois même les données audiovisuelles, soulève de graves inquiétudes en matière de confidentialité. Des stratégies d'anonymisation robustes, des modèles de confidentialité différentiels et des processus d'apprentissage fédérés sont explorés comme solutions pour atténuer ces risques tout en préservant l'utilité des données pour les algorithmes d'IA.

Troisièmement, la partialité et l'équité dans les choix éducatifs basés sur l'IA reposent sur la qualité et la gouvernance des dossiers. Des dossiers mal organisés ou non consultables peuvent engendrer des algorithmes biaisés qui désavantagent injustement certains étudiants. Par exemple, la notation basée sur l'IA ou l'apprentissage personnalisé des parcours peut également refléter par inadvertance des biais socio-économiques, raciaux ou de genre présents dans les dossiers historiques. Une gouvernance efficace des données doit donc inclure des audits continus, des protocoles de détection des biais et l'inclusion de divers ensembles de données pour favoriser l'équité.

Les menaces de sécurité sont également importantes. Les établissements d'enseignement sont de plus en plus la cible de cyberattaques en raison de leurs vastes bases de données sensibles. Les systèmes d'IA, tout en améliorant l'efficacité opérationnelle, peuvent également introduire de nouvelles vulnérabilités. Par exemple, les attaques visant les modèles d'apprentissage automatique peuvent chercher à manipuler des résultats tels que les notes ou les résultats. Une infrastructure de cybersécurité robuste, comprenant le chiffrement, l'authentification multifacteur et des systèmes de détection d'intrusion, est essentielle pour maintenir l'accord sur un enseignement plus adapté à l'IA.

De plus, la transparence et l'explicabilité sont essentielles à une gouvernance éthique des données. Les étudiants et les enseignants doivent comprendre comment les structures d'IA parviennent à leurs conclusions, que ce soit par la notation, les commentaires ou les ajustements de programmes. Les modèles boîte noire dépourvus d'interprétabilité peuvent éroder la confiance et entraver une supervision efficace. Par conséquent, l'intégration de cadres d'IA explicable (XAI) et la tenue de registres d'utilisation transparents sont de plus en plus considérées comme des pratiques de qualité.

Une autre mesure inclut la conservation des données et la gestion du cycle de vie. Les informations éducatives peuvent également conserver leur valeur personnelle longtemps après la fin d'une instruction. Les règles de gouvernance doivent définir la durée de conservation des données, leur date de suppression et les conditions de leur réutilisation. Cela nécessite des modèles de consentement dynamiques permettant aux étudiants de gérer leurs données au fil des ans, y compris la possibilité de révoquer l'accès.

L'instauration de comités interdisciplinaires d'éthique de l'information au sein des établissements d'enseignement est un élément clé d'une gouvernance solide des documents. Ces instances, composées d'enseignants, de technologues, d'experts juridiques et d'étudiants, peuvent superviser la mise en œuvre des politiques statistiques, comparer les partenariats avec les fournisseurs et arbitrer les litiges. Leur rôle est de garantir que la gouvernance des documents est conforme non seulement aux normes techniques et pénales, mais aussi aux valeurs et à la mission pédagogiques de l'établissement.

De plus, l'autonomisation des étudiants et la littératie virtuelle sont fondamentales. Les apprenants doivent être informés de leurs droits en matière de statistiques, des conséquences du partage d'informations et du fonctionnement des structures d'IA avec lesquelles ils interagissent. Cette attention favorise le consentement éclairé et encourage une participation plus active aux discussions sur l'éthique de l'IA en éducation.

Dans un contexte mondial, la dérive statistique transfrontalière ajoute une nouvelle dimension à la complexité. De nombreux outils académiques d'IA fonctionnent à l'échelle mondiale, et les données peuvent être stockées dans des juridictions spécifiques. L'harmonisation des pratiques de gouvernance des données au-delà des frontières pourrait s'avérer cruciale, notamment pour garantir que les chercheurs issus de pays en développement ou de groupes sous-représentés ne soient pas victimes d'exploitation en raison de réglementations locales plus faibles.

À l'avenir, la blockchain et les systèmes d'identification décentralisés pourraient également offrir de nouvelles stratégies de gouvernance de l'information. La blockchain peut fournir des enregistrements immuables des accès et des modifications aux informations, permettant ainsi aux étudiants de contrôler qui consulte et utilise leurs données pédagogiques. De telles avancées, même si elles sont encore embryonnaires, devraient redéfinir les normes de contrôle des données pédagogiques.

La gouvernance et la sécurité des données dans l'enseignement de l'IA ne sont pas seulement des exigences techniques: ce sont des impératifs moraux qui conditionnent l'avenir de l'apprentissage. Alors que l'IA continue d'imprégner les environnements pédagogiques, les établissements doivent investir dans des cadres de gouvernance résilients, des structures de sécurité solides et des techniques de communication claires. Ce n'est qu'ainsi que nous pourrons bâtir un environnement éducatif respectueux de la vie privée, favorisant l'équité et préparant les nouveaux arrivants à un monde numérique.

4.5. Aborder l'équité et l'accès dans les mises en œuvre de l'IA

L'intelligence artificielle (IA) a le pouvoir de transformer la formation en personnalisant les expériences d'apprentissage, en améliorant les performances opérationnelles et en aidant les enseignants à dispenser des formations plus efficaces. Cependant, à mesure que les technologies d'IA s'intègrent de plus en plus aux structures éducatives, les préoccupations en matière d'équité et d'accès sont devenues des problèmes majeurs et urgents. Sans une conception et une mise en œuvre réfléchies, l'IA peut perpétuer, voire exacerber, les disparités actuelles en matière de formation.

L'accès aux outils pédagogiques basés sur l'IA repose fortement sur l'infrastructure numérique, notamment un réseau fiable, des appareils modernes et une assistance technique. De nombreux groupes défavorisés, notamment dans les zones rurales ou économiquement défavorisées, manquent de ces éléments fondamentaux. Les élèves de ces régions ne disposent pas d'appareils personnels ni de connexions internet performantes, ce qui limite leur capacité à bénéficier des systèmes d'IA conçus pour offrir un enseignement personnalisé ou un retour d'information en temps réel.

La disparité devient particulièrement flagrante dans l'apprentissage à distance. Par exemple, pendant la pandémie de COVID-19, des millions d'étudiants ont été laissés pour compte faute d'accès virtuel adéquat. Les plateformes d'IA qui s'adaptent aux progrès ou aux habitudes d'apprentissage des utilisateurs sont inutiles si les étudiants ne peuvent pas y accéder en permanence. De plus, de nombreux outils d'IA sont optimisés pour les équipements plus récents, ce qui empêche les utilisateurs d'anciens appareils d'utiliser des fonctionnalités avancées, telles que les simulations immersives ou la traduction en temps réel.

Combler la fracture numérique ne se résume pas uniquement à la distribution des appareils: cela nécessite également des investissements dans les infrastructures, notamment des projets de réseaux Wi-Fi, un accès abordable au haut débit et une assistance technique sur site. Sans ces mesures, les bénéfices de l'IA dans l'éducation continueront de profiter de manière disproportionnée aux personnes disposant de privilèges numériques.

Les systèmes d'IA ne sont fiables que grâce aux faits sur lesquels ils sont basés. Lorsque les ensembles de données sont biaisés ou non consultables, les modèles d'IA peuvent produire des résultats biaisés ou culturellement inadaptés. Ce problème est particulièrement préoccupant dans les contextes pédagogiques où l'équité et la justice sont primordiales.

Par exemple, les algorithmes d'IA utilisés pour la notation automatique ou le profilage des étudiants peuvent être principalement entraînés à partir d'informations provenant de contextes linguistiques ou culturels précis. Cela pourrait désavantager les étudiants issus de groupes minoritaires, dont les dialectes, les modes de communication ou les comportements d'apprentissage pourraient ne pas correspondre aux modèles d'information reconnus par l'ensemble des règles. De même, les moteurs de recommandation qui orientent les étudiants vers des publications ou des parcours professionnels pourraient renforcer les inégalités sociales existantes si les archives historiques révèlent des biais systémiques, notamment une sous-représentation des femmes dans les domaines des STEM.

Pour y remédier, les développeurs doivent vérifier la portée des jeux de données d'entraînement et mettre en œuvre des stratégies d'atténuation des biais, notamment une éducation antagoniste, une modélisation soucieuse d'équité et une validation continue auprès des entreprises démographiques. De plus, impliquer les enseignants, les leaders communautaires et les étudiants issus d'entreprises sous-représentées dans la conception et les tests des systèmes d'IA garantit que les technologies résultantes sont plus adaptées aux différences culturelles et inclusives.

Un autre niveau d'inégalité provient de la prédominance de l'anglais dans les outils pédagogiques d'IA. Bien que l'anglais soit une langue technologique universelle, des millions d'apprenants interagissent dans leur éducation en langues locales ou autochtones. Les systèmes d'IA incapables de comprendre ou de générer du contenu dans ces langues marginalisent intrinsèquement les débutants non anglophones.

La traduction automatique a fait des progrès considérables, mais les nuances de grammaire, d'idiomes et de contexte culturel peuvent néanmoins conduire à des interprétations erronées ou à la diffusion de contenu non pertinent. De plus, les modèles de reconnaissance vocale et de traitement du langage naturel sont souvent peu performants pour les accents ou les dialectes sous-représentés dans les statistiques scolaires, ce qui pourrait avoir un impact sur les systèmes de tutorat basés sur la parole ou les assistants interactifs d'IA.

Créer des outils d'IA favorisant le multilinguisme nécessite d'investir dans le développement de corpus de qualité dans les langues sous-représentées et dans la formation de modèles d'IA sur divers ensembles de données linguistiques. De plus, le contenu localisé – et pas seulement le contenu traduit – doit être développé pour refléter les besoins culturels et pédagogiques des différents apprenants. Ce faisant, l'IA peut favoriser un accès plus équitable aux technologies au-delà des barrières linguistiques.

La commercialisation de l'IA dans l'éducation ouvre la voie à l'équité dans tout autre projet. De nombreux systèmes d'apprentissage de l'IA performants sont développés par des entreprises privées et proposent des formules d'abonnement, des frais de licence ou des frais pour des fonctionnalités haut de gamme. Les écoles et les élèves des régions à faibles revenus peuvent ne pas avoir les moyens d'acquérir ces équipements, ce qui accentue les inégalités éducatives.

Même dans les systèmes éducatifs publics, l'adoption de l'IA peut être limitée par des contraintes budgétaires. Les décisions concernant les établissements ou les districts qui investissent dans l'IA reflètent souvent les inégalités de financement actuelles, ce qui crée un système éducatif à plusieurs niveaux où les établissements les plus riches ont accès à des équipements modernes tandis que d'autres dépendent de systèmes plus anciens.

Pour lutter contre ce phénomène, les gouvernements, les ONG et les organisations philanthropiques devraient privilégier des modèles d'investissement équitables garantissant un accès universel aux outils d'IA. Les projets open source et les partenariats public-privé peuvent jouer un rôle essentiel dans la démocratisation de l'accès, en rendant les ressources éducatives performantes basées sur l'IA accessibles gratuitement ou à bas prix à grande échelle. De plus, encourager la concurrence et l'innovation parmi les startups axées sur les solutions d'IA à faible coût peut contribuer à dynamiser le secteur des jeux d'argent.

Les structures d'IA en formation doivent également prendre en compte les étudiants en situation de handicap ou présentant des difficultés d'apprentissage. Si l'IA est prometteuse pour l'apprentissage adaptatif et l'aide personnalisée, de nombreux équipements actuels ne sont pas conçus pour une accessibilité standard. Par exemple, les systèmes d'IA peuvent manquer de prise en charge des lecteurs d'écran, de la commande vocale ou des techniques de saisie alternatives, ce qui les rend difficiles à utiliser pour les étudiants présentant des déficiences visuelles, auditives ou motrices.

Les structures d'apprentissage pilotées par l'IA doivent d'emblée respecter des principes de conception génériques, intégrant des normes d'accessibilité telles que les WCAG (Règles pour l'accessibilité des contenus Web). De plus, l'IA peut améliorer activement l'accessibilité, par exemple en créant des sous-titres en temps réel, en proposant des fonctionnalités de synthèse vocale ou en personnalisant les interfaces utilisateur en fonction des besoins d'apprentissage spécifiques.

La collaboration avec des experts en accessibilité, des défenseurs des droits des personnes handicapées et des spécialistes de la formation inclusive, tout au long des phases de conception et de test, est essentielle pour garantir que les outils d'IA n'excluent pas par inadvertance les étudiants en situation de handicap. Bien implémentée, l'IA peut considérablement élargir les perspectives des débutants traditionnellement confrontés à des difficultés d'apprentissage.

Garantir l'équité dans la mise en œuvre de l'éducation à l'IA exige des cadres éthiques et des interventions politiques solides. Les décideurs politiques doivent adapter proactivement le déploiement de l'IA afin d'éviter l'aggravation des inégalités. Cela implique d'imposer la transparence dans les décisions algorithmiques, de mettre en œuvre des mesures de protection de la confidentialité des données et d'exiger des contrôles d'équité avant toute mise en œuvre à grande échelle.

Les établissements d'enseignement devraient également établir des réglementations internes concernant l'utilisation des données, le consentement des étudiants et la responsabilité algorithmique. Il est important que l'équité soit un critère primordial dans les choix d'approvisionnement: les équipements dépourvus de fonctions d'accessibilité, d'audits de biais ou de support multilingue ne doivent pas être utilisés à grande échelle.

De plus, les forums d'éthique, composés d'enseignants, d'étudiants, d'éthiciens et de représentants de la communauté, peuvent assurer une supervision et aider les établissements à gérer les arbitrages complexes liés à l'adoption de l'IA. Ces forums doivent être habilités à suspendre ou à rejeter les implémentations d'IA présentant des risques pour les groupes marginalisés.

Enfin, aborder l'équité dans la formation en IA n'est pas seulement une question technique ou de couverture: c'est aussi une question sociale. L'inclusion significative des groupes les plus touchés par les inégalités éducatives est cruciale, notamment en ce qui concerne les étudiants, les parents, les enseignants et les responsables de réseaux, dans les cycles de développement, d'expérimentation et de consultation des outils d'IA.

Les pratiques de conception participative garantissent que la technologie d'IA reflète les expériences et les priorités de nombreux novices. Les commentaires de la communauté peuvent révéler des angles morts dans la conception algorithmique, identifier des résultats inattendus et guider des stratégies de déploiement plus équitables. De plus, à mesure que les groupes s'approprient la technologie qu'ils utilisent, son adoption et son efficacité s'améliorent.

Les établissements d'enseignement doivent promouvoir la transparence sur le fonctionnement des systèmes d'IA et dispenser des formations pour aider les parties prenantes à comprendre leurs avantages et leurs limites. Développer la culture numérique et la réflexion critique autour de l'IA chez les enseignants et les débutants est essentiel pour une utilisation équitable et éthique.

L'IA a le pouvoir de révolutionner l'éducation, mais ses avantages continueront d'être distribués de manière irrégulière si les questions d'équité et d'admission ne sont pas traitées avec urgence et diligence. Des disparités infrastructurelles et des biais algorithmiques aux barrières linguistiques et à l'accessibilité financière, de nombreux problèmes doivent être résolus pour garantir que l'IA complète, au lieu de freiner, l'éducation inclusive.

Concevoir des systèmes d'IA sous l'angle de la justice, de la représentation et de l'accessibilité n'est pas seulement un impératif éthique: c'est aussi essentiel pour maximiser l'impact et l'efficacité de ces outils. En plaçant l'équité au cœur des politiques, des pratiques et de la conception, nous pouvons construire un avenir éducatif où l'IA valorise tous les jeunes, quels que soient leur histoire, leur identité ou leur situation géographique.

4.6. L'impact sociétal de l'IA sur les générations futures

L'intelligence artificielle (IA) est au cœur de la révolution technologique en cours, promettant de transformer presque tous les aspects de la vie humaine. Pour les générations futures, l'IA n'est pas un simple outil; elle est un élément fondamental de leur environnement, ancré dans les structures éducatives, les systèmes sociaux, les économies et les cadres culturels. À ce titre, son impact sociétal est profond et multidimensionnel, influençant la manière dont les individus se développent, étudient, communiquent, travaillent et comprennent le monde. Comprendre ces implications est essentiel pour garantir que l'IA serve de force de développement équitable, plutôt que d'exacerber les disparités existantes ou de créer de nouveaux dilemmes moraux.

L'une des approches les plus prometteuses par lesquelles l'IA devrait influencer les générations futures réside dans la transformation du marché du travail. Les structures d'activité traditionnelles évoluent rapidement sous l'effet de l'automatisation et de l'acquisition de connaissances par des appareils capables d'exécuter des tâches complexes autrefois réservées aux humains. Si l'IA ouvre de nouveaux domaines et possibilités, notamment le conseil en éthique de l'IA, l'ingénierie rapide et la conception d'appareils intelligents, elle rend également certains rôles obsolètes. Les générations futures devront s'adapter à une économie où la flexibilité cognitive, la créativité et l'intelligence émotionnelle deviennent aussi essentielles que les connaissances techniques. L'idée d'acquérir des connaissances tout au long de la vie n'est pas une aspiration, mais elle est importante, et les sociétés doivent soutenir le développement continu des compétences pour garantir que les individus restent compétents et efficaces dans des environnements de travail plus axés sur l'IA.

La reconfiguration des systèmes éducatifs par l'IA joue également un rôle essentiel dans l'élaboration des normes et valeurs sociétales. Les systèmes basés sur l'IA offrent désormais des parcours d'apprentissage personnalisés qui s'adaptent en temps réel aux besoins des élèves. Ces structures promettent de démocratiser l'accès à une éducation de qualité, mais elles risquent également de creuser les inégalités si l'accès est attribué de manière irrégulière. Les enfants qui grandissent dans des régions défavorisées peuvent également se retrouver marginalisés s'ils manquent de connectivité, de compétences numériques ou d'accès à des outils pédagogiques optimisés par l'IA. L'avenir de l'éducation repose donc sur l'inclusion et la mise en place d'infrastructures offrant à tous les élèves un accès égal aux avantages de l'IA.

Au-delà de l'éducation et du travail, l'IA influencera la manière dont les générations futures façonnent leurs relations et interagissent socialement. L'intégration de l'IA dans les systèmes d'échange verbal, les algorithmes des réseaux sociaux et même les technologies de compagnie comme les agents conversationnels et les animaux de compagnie robotisés redéfinira les interactions humaines. Pour les natifs virtuels élevés dans des environnements médiés par l'IA, la formation de l'identité et l'appartenance sociale pourraient également émerger selon des paradigmes différents de ceux des générations précédentes. Cette évolution est porteuse d'opportunités et de défis: si l'IA peut contribuer à la santé mentale grâce aux outils de thérapie numérique et améliorer la connectivité, elle peut également favoriser les chambres d'écho, filtrer les bulles et entraîner une diminution des liens humains réels si elle n'est pas gérée avec soin.

Sur le plan culturel, le rôle de l'IA en tant que co-créatrice d'œuvres d'art, de littérature et de chansons repousse les limites de l'expression humaine. Les générations futures grandiront dans un monde où nombre de leurs chansons, témoignages ou créations artistiques préférées ne seront plus générés par des humains, mais par des algorithmes entraînés à partir de vastes ensembles de données sur la créativité humaine. Cela soulève des questions sur l'authenticité, la propriété et le coût du travail humain. Parallèlement, cela offre un espace d'expression accéléré: l'IA peut devenir un partenaire de la créativité, s'améliorant au lieu de remplacer l'imagination humaine. Les établissements d'enseignement et les cadres culturels doivent s'adapter pour accompagner les jeunes dans la compréhension, la comparaison et l'exploitation de l'IA comme outil de création.

Le développement mental et cognitif des générations futures pourrait également être façonné par l'omniprésence de l'IA. Les enfants exposés dès leur plus jeune âge à des systèmes intelligents – assistants numériques, jouets d'IA et contenus éducatifs personnalisés – pourraient développer des approches uniques pour traiter les données, résoudre les problèmes et apprivoiser le monde. Certains chercheurs émettent l'hypothèse que ces interactions pourraient avoir un impact sur la capacité d'attention, les capacités de réflexion critique ou l'intelligence émotionnelle. La surveillance et l'autonomie posent également problème; les enfants élevés dans des environnements saturés de technologies de pistage et de modification du comportement pourraient intérioriser la surveillance comme une norme, affectant ainsi leur perception de la vie privée, de la liberté et de la réflexion.

D'un point de vue sociétal, l'une des plus grandes préoccupations réside probablement dans les cadres éthiques qui régissent le développement et le déploiement de l'IA. Les générations futures hériteront non seulement des capacités de l'IA, mais aussi des biais, des limites et des choix éthiques qu'elle implique. Les algorithmes basés sur des statistiques anciennes reflètent et renforcent souvent les préjugés sociétaux, entraînant des effets discriminatoires dans des domaines tels que la police, le recrutement, la santé et l'éducation. Si elles ne sont pas maîtrisées, ces tendances peuvent perpétuer les inégalités systémiques sous couvert de prise de décisions éclairées. Il est donc primordial de développer la maîtrise de l'IA et la conscience éthique chez les jeunes. Ils doivent être habilités à remettre en cause, auditer et remodeler les structures qui les façonnent.

L'impact de l'IA sur la gouvernance et l'engagement civique est un autre domaine aux conséquences profondes. Avec l'utilisation croissante de l'IA dans la modélisation des politiques, la police prédictive, l'optimisation des services publics et les stratégies électorales, les futurs citoyens devront s'engager de manière critique avec la gouvernance algorithmique. La capacité de la technocratie – où les décisions sont prises à l'aide de structures fondées sur des statistiques plutôt que sur la délibération démocratique – nécessite une solide éducation civique pour préparer les enfants à participer pleinement aux sociétés démocratiques. La transparence, la responsabilité et les méthodes de conception participatives doivent être institutionnalisées afin d'éviter toute privation de droits dans la fonction publique.

Les implications environnementales du développement de l'IA recoupent également les valeurs et les priorités des générations futures. Alors que l'attention portée au changement climatique s'intensifie, les jeunes générations s'expriment déjà en faveur du développement durable et de la gestion responsable de la planète. Cependant, la formation des grands modèles d'IA consomme d'énormes quantités d'électricité et d'eau. Les futurs technologues devront prendre en compte le coût écologique de l'innovation et privilégier l'IA verte, c'est-à-dire des systèmes conçus dans un souci de durabilité environnementale. Encourager une formation interdisciplinaire alliant l'IA à l'écologie, à l'éthique et à la réflexion systémique peut préparer les futurs dirigeants à évoluer sur ce terrain complexe.

La religion, la philosophie et la spiritualité connaîtront elles aussi des bouleversements, l'IA continuant de brouiller les frontières entre l'humain et le gadget. Les questions relatives à la conscience, à l'entreprise et à l'âme passeront de la fiction spéculative au débat public. Les jeunes se demanderont ce que signifie être humain à l'ère des esprits artificiels. Les partenaires de l'IA auront-ils des droits ? Un système peut-il être créatif, empathique ou éthique ? Ces questions remettent en question des convictions profondément ancrées et invitent à réexaminer l'exceptionnalisme humain.

L'impact sociétal de l'IA sur les générations futures est à la fois vaste et profond. Si l'IA recèle un potentiel considérable pour embellir l'existence humaine, elle présente également des dangers qu'il convient d'appréhender avec prudence. Les structures éducatives, les ménages, les gouvernements et les développeurs partagent le devoir collectif de façonner un avenir où l'IA renforce les capacités au lieu de les aliéner. Les générations futures ne doivent plus être les bénéficiaires passifs de l'influence de l'IA, mais les co-créatrices actives de son rôle dans la société. Il est donc nécessaire de les doter des outils, des informations et des fondements moraux nécessaires pour interagir efficacement avec les systèmes intelligents, et d'envisager un avenir où la génération servira les idéaux les plus élevés de l'humanité.

4.7. Supervision et responsabilité humaines dans les systèmes d'IA

Alors que l'intelligence artificielle s'impose de plus en plus dans les domaines de l'éducation, de la santé, de la gouvernance et du secteur privé, la nécessité de cadres clairs garantissant la supervision et la responsabilité humaines est devenue primordiale. Si l'IA offre un potentiel de transformation, elle présente également d'importants risques éthiques, sociaux et opérationnels si elle n'est pas maîtrisée. Dans le contexte de l'éducation en particulier, où les choix peuvent influencer le développement cognitif, le bien-être émotionnel et les perspectives d'avenir des débutants, le jugement humain reste indispensable. La supervision et la responsabilisation ne sont donc pas des préoccupations secondaires: elles sont fondamentales pour une mise en œuvre responsable de l'IA.

Le principe de supervision humaine renvoie à la nécessité pour les humains de maîtriser les systèmes d'IA, ou du moins de s'en préoccuper sérieusement. Cela peut inclure la supervision, l'approbation ou la capacité d'annuler les décisions prises par les algorithmes. La responsabilisation, quant à elle, implique que des personnes ou des institutions identifiables soient tenues responsables des conséquences induites par l'IA, garantissant ainsi la transparence des décisions et permettant des mesures correctives en cas d'erreur ou de dommage.

L'une des principales raisons de la supervision humaine réside dans le caractère non déterministe de la connaissance des modèles par le système. Ces structures se présentent souvent sous forme de cases noires, tirant des conclusions basées sur des modèles statistiques qui ne sont pas toujours évidents pour les utilisateurs. Dans un contexte scolaire, par exemple, un élève peut être signalé comme sous-performant ou démotivé par un dispositif d'IA, ce qui déclenche des interventions ou modifie son parcours scolaire. Sans supervision humaine, ces décisions peuvent reposer sur des informations incomplètes, biaisées ou mal interprétées, entraînant des conséquences non seulement erronées, mais aussi injustes.

La supervision humaine atténue les risques de déshumanisation de la formation. Lorsque le transport de contenu, les évaluations et les remarques sont automatisés sans une implication suffisante des formateurs, les dimensions relationnelles et émotionnelles de l'apprentissage sont souvent perdues. Les enseignants jouent un rôle essentiel dans l'interprétation des données, la compréhension des subtilités contextuelles technologiques et l'encouragement – des fonctions que l'IA ne peut reproduire fidèlement. S'assurer que les enseignants humains disposent de l'autorité nécessaire pour interpréter et interroger les informations générées par l'IA est essentiel pour préserver l'humanité de l'éducation.

Il est tout aussi crucial d'organiser des mécanismes de responsabilisation clairs concernant le déploiement et les effets des systèmes d'IA. Dans de nombreux secteurs, y compris l'éducation, le manque de transparence des décisions en matière d'IA a suscité la méfiance du public et engendré des situations juridiques complexes. En cas d'erreurs – telles que des classifications erronées, des pratiques discriminatoires ou des atteintes à la vie privée – des voies de recours doivent être établies. Les écoles, les développeurs et les autorités éducatives doivent collaborer pour déterminer qui est responsable des défaillances de l'IA et comment ces défaillances sont documentées, auditées et corrigées.

Pour y parvenir, un nouveau concept, celui d'IA explicable (XAI), se développe. Il vise à rendre les structures d'IA plus claires en fournissant des justifications compréhensibles pour leurs résultats. En classe, cela signifie que les enseignants et les élèves pourront s'interroger sur les raisons de la formulation d'une recommandation ou identifier les statistiques qui ont motivé une proposition de note. Cette transparence favorise la confiance et permet aux enseignants de valider ou de contester les choix d'outils, renforçant ainsi le principe du jugement partagé plutôt que de la domination des outils.

Les organismes de contrôle éthique deviennent également plus courants dans les établissements qui déploient l'IA. Il peut s'agir de comités d'éthique internes à l'IA, de groupes d'audit indépendants ou d'organismes de réglementation qui évaluent l'équité, la précision et la sécurité des structures. Dans le secteur de l'éducation, ces organismes peuvent vérifier si les applications d'IA sont conformes aux objectifs pédagogiques, aux normes d'équité et aux lois sur la confidentialité des données. Ils servent de tampon contre le déterminisme technologique et les excès des entreprises en intégrant des systèmes d'évaluation éthique au développement et au déploiement des appareils.

De plus, les structures de responsabilité doivent tenir compte des effets à long terme. Les structures d'IA évoluent souvent grâce à un apprentissage continu et à une adaptation en fonction des nouvelles données au fil des ans. Cette nature dynamique nécessite un suivi et un réétalonnage continus pour éviter de dériver des rêves initiaux ou des limites morales. La surveillance humaine doit donc être continue plutôt qu'épisodique, avec des mécanismes permettant de remplacer, de suspendre ou de mettre hors service les systèmes en fonction des changements de contexte.

L'inclusion des étudiants et des enseignants dans les fonctions de supervision est une autre mesure essentielle. Les personnes les plus touchées par les décisions en matière d'IA doivent avoir leur mot à dire sur la conception, la mise en œuvre et l'évaluation de ces structures. Les approches de conception participative qui invitent diverses parties prenantes à contribuer non seulement à des structures plus équitables, mais répartissent également les responsabilités de manière plus démocratique. Les projets de transparence, tels que les fiches d'IA ou les déclarations d'impact algorithmique, peuvent également responsabiliser les utilisateurs en démystifiant le fonctionnement de l'IA et son influence.

Les cadres juridiques commencent à évoluer en réponse à ces besoins. La loi européenne sur l'intelligence artificielle, par exemple, impose une surveillance et une documentation rigoureuses pour les systèmes d'IA à haut risque, notamment ceux utilisés en formation. D'autres juridictions suivent le mouvement, reconnaissant l'importance d'une responsabilité codifiée pour protéger l'intérêt public. Ces mesures réglementaires soulignent que la surveillance humaine n'est pas toujours une véritable activité interne, mais une attente sociétale ayant des implications pénales.

Enfin, le mode de vie autour de l'IA doit évoluer pour intégrer humilité et vigilance. Une dépendance excessive à la technologie, surtout lorsqu'elle est présentée comme impartiale ou infaillible, compromet le devoir des acteurs humains de rester engagés et importants. Former les enseignants, les directeurs et les étudiants à comprendre les limites de l'IA et à exercer un scepticisme éclairé est tout aussi essentiel que l'innovation technologique. Une sous-culture de la responsabilité naît de la reconnaissance et se nourrit de la communication, de la formation et de l'engagement institutionnel.

L'intégration de l'IA dans la formation doit se poursuivre avec la reconnaissance inébranlable que les êtres humains assument la responsabilité finale de son impact. La supervision et la responsabilisation ne sont pas facultatives: elles peuvent être des impératifs moraux. En centrant le jugement humain, en mettant en place des tactiques claires et en maintenant une vigilance constante, nous pouvons garantir que l'IA soit un outil d'autonomisation plutôt qu'un outil de contrôle. Ce faisant, nous honorons les valeurs de l'éducation et protégeons les droits et la dignité des générations futures.

CHAPITRE 5

Intelligence artificielle et accessibilité dans l'éducation

5.1. Accessibilité et opportunités en matière d'éducation en IA

L'intégration de l'intelligence artificielle (IA) dans l'éducation garantit des changements transformateurs en termes d'accessibilité et d'opportunités. Alors que la fracture numérique demeure un problème majeur dans les systèmes éducatifs internationaux, l'IA offre un moyen potentiel de combler les écarts et d'offrir un accès équitable à des formations de qualité.

Le rôle principal de l'IA dans l'amélioration de l'accessibilité réside dans sa capacité à personnaliser et à adapter les programmes d'enseignement aux besoins spécifiques des élèves. Dans les régions où l'accès à des enseignants qualifiés ou à des ressources académiques de qualité est limité, l'IA peut intervenir pour offrir un environnement d'apprentissage plus stable et adaptable. Les systèmes pilotés par l'IA peuvent analyser les progrès d'un élève, son style d'apprentissage et ses situations d'apprentissage spécifiques, permettant ainsi des plans d'apprentissage plus personnalisés qui répondent aux besoins de chaque apprenant.

L'un des aspects les plus importants de l'amélioration de l'accessibilité grâce à l'IA est sa capacité à dispenser des formations dans les zones reculées et mal desservies. Les structures basées sur l'IA, notamment les salles de classe virtuelles et les environnements d'apprentissage adaptatifs, permettent d'atteindre des étudiants qui n'auraient autrement pas accès aux salles de cours traditionnelles. En supprimant les barrières géographiques, l'IA permet aux étudiants du monde entier d' accéder à des contenus pédagogiques de qualité, sans les contraintes des infrastructures physiques. Ceci est particulièrement bénéfique pour les populations vivant en zones rurales ou touchées par la guerre, où les opportunités éducatives peuvent être rares, voire inexistantes.

De plus, l'IA peut contribuer considérablement à l'inclusion scolaire en aidant les élèves ayant divers besoins d'apprentissage. Pour les personnes en situation de handicap, l'IA offre de nombreux outils permettant de surmonter les obstacles à l'apprentissage. Les technologies de synthèse vocale et de synthèse vocale, les interprètes en langage gestuel pilotés par l'IA et les assistants d'apprentissage personnalisés peuvent répondre aux besoins des élèves présentant des déficiences visuelles, auditives ou motrices. En rendant l'apprentissage plus accessible à tous, l'IA garantit qu'aucun élève ne soit laissé pour compte en raison de barrières physiques ou cognitives.

Le potentiel de l'IA pour offrir des possibilités d'enseignement égales s'étend aux étudiants issus de milieux socio-économiques défavorisés. Ces étudiants sont souvent confrontés à des situations difficiles, comme un accès limité aux ressources pédagogiques, un manque de structures d'accompagnement ou des classes surchargées. Les solutions basées sur l'IA, telles que les tuteurs virtuels et les systèmes de notation automatisés, peuvent alléger la charge de travail des enseignants surchargés et garantir que les élèves des communautés défavorisées reçoivent l'attention et le soutien dont ils ont besoin. De plus, la capacité de l'IA à adapter les solutions d'apprentissage permet de dispenser simultanément des contenus pédagogiques de qualité à de grands groupes d'étudiants, sans compromettre la qualité de l'apprentissage.

Si l'IA peut améliorer l'accès à l'éducation de multiples façons, il est crucial de garder à l'esprit les risques et défis liés à sa mise en œuvre. L'une des principales préoccupations est le risque d'aggravation de la fracture numérique, notamment dans les pays ou régions où les infrastructures technologiques sont sous-développées. L'accès à Internet, aux appareils et aux équipements d'IA est rare, et sans un investissement adéquat dans les infrastructures numériques, les avantages de l'IA risquent d'être ressentis de manière disproportionnée par les étudiants des régions plus riches ou plus avancées technologiquement. Par conséquent, les gouvernements, les établissements d'enseignement et les entreprises technologiques doivent collaborer pour garantir que les technologies d'IA soient accessibles à tous les étudiants, quels que soient leur statut socio-économique ou leur situation géographique.

Une autre mission réside dans les implications morales de l'éducation assistée par l'IA. Si l'IA peut fournir des informations précieuses et des récits d'apprentissage personnalisés, elle soulève également des questions de confidentialité, de sécurité des données et de biais algorithmiques. La collecte et l'analyse de grandes quantités de données personnelles auprès des élèves pourraient les exposer à des risques, tels que l'usurpation d'identité ou la surveillance. Pour atténuer ces risques, il est essentiel que les systèmes d'IA soient conçus avec de solides mesures de sécurité des données et une transparence accrue. De plus, les algorithmes d'IA doivent être régulièrement audités afin de garantir qu'ils sont exempts de biais et qu'ils offrent des opportunités éducatives équitables à tous les élèves.

En fin de compte, le rôle de l'IA dans l'éducation va bien au-delà de la simple facilitation de l'apprentissage. Elle constitue un outil efficace pour transformer les structures académiques et créer de nouvelles opportunités pour les étudiants du monde entier. En exploitant pleinement le potentiel de l'IA, nous pouvons offrir un enseignement personnalisé, inclusif et évolutif, capable de répondre aux divers besoins des nouveaux arrivants du monde entier. Cependant, une attention particulière doit être portée aux défis éthiques, sociaux et technologiques qui accompagnent l'adoption massive de l'IA dans l'éducation. Si ces défis sont abordés de manière réfléchie et collaborative, l'IA a le pouvoir de révolutionner l'éducation et de la rendre plus accessible à tous, quels que soient leur passé et leur situation.

5.2. Soutenir les étudiants handicapés grâce à l'IA

L'intelligence artificielle (IA) offre un potentiel considérable pour transformer l'expérience pédagogique des élèves en situation de handicap. En fournissant des outils d'apprentissage personnalisés et adaptatifs, l'IA peut contribuer à créer un environnement pédagogique inclusif qui tienne compte des divers besoins de ces élèves. Grâce aux avancées technologiques basées sur l'IA, les élèves présentant des déficiences physiques, sensorielles et cognitives peuvent bénéficier d'un accompagnement personnalisé, garantissant ainsi un enseignement plus accessible, attrayant et efficace.

L'un des plus grands atouts de l'IA pour aider les étudiants en situation de handicap réside dans sa capacité à personnaliser l'apprentissage en temps réel. Les salles de cours traditionnelles peuvent également avoir du mal à répondre aux besoins spécifiques des étudiants en situation de handicap en raison de contraintes de temps, de ressources et de ratio enseignant-élèves. Les systèmes d'IA, quant à eux, sont conçus pour évaluer les habitudes d'apprentissage des individus, leurs points forts et leurs difficultés, leur permettant ainsi de proposer un apprentissage personnalisé, adapté au rythme et aux capacités de chaque élève. Par exemple, l'IA peut analyser le niveau de compréhension de lecture d'un élève et ajuster la difficulté de lecture en conséquence, garantissant ainsi que l'élève soit à la fois stimulé et soutenu correctement.

Pour les étudiants souffrant de déficiences visuelles, les technologies d'IA, telles que la synthèse vocale, permettent de lire à voix haute des contenus numériques, les rendant accessibles sans interaction physique. Ces systèmes peuvent convertir du texte imprimé en format auditif, permettant ainsi aux étudiants malvoyants d'accéder à des livres, des articles et des supports pédagogiques qui leur seraient autrement inaccessibles. De plus, les outils de reconnaissance d'images basés sur l'IA peuvent décrire des images et des diagrammes, ce qui serait particulièrement utile pour des sujets comme l'arithmétique ou les sciences, où les supports visuels jouent un rôle essentiel dans la compréhension des concepts.

Outre les technologies de synthèse vocale, les systèmes de conversion parole-texte basés sur l'IA sont également essentiels pour les étudiants souffrant de troubles auditifs. Ces systèmes convertissent les phrases parlées en texte écrit en temps réel, rendant les cours, les discussions et les activités en classe plus accessibles aux étudiants sourds ou malentendants. L'IA peut également accompagner les étudiants dans l'apprentissage des langues en proposant des sous-titres en temps réel, une traduction en langage gestuel ou même en créant des repères visuels qui les aident à comprendre des concepts complexes sans avoir à recourir à l'échange verbal traditionnel.

L'IA peut également avoir un impact considérable sur les étudiants en situation de handicap dans le développement d'environnements d'apprentissage adaptatifs adaptés aux besoins des élèves présentant des troubles cognitifs. L'IA peut analyser le développement d'un élève et proposer des interventions ciblées, le cas échéant, pour aider les élèves souffrant de troubles tels que la dyslexie, le TDAH ou les troubles du spectre autistique. Par exemple, l'apprentissage par l'IA des plateformes peut décomposer des tâches complexes en étapes plus simples et plus faciles à réaliser, permettant ainsi aux élèves d'aborder des situations exigeantes progressivement et à leur propre rythme. De plus, les outils pédagogiques pilotés par l'IA peuvent afficher le niveau d'engagement de l'élève et adapter le contenu ou les méthodes d'enseignement en fonction de sa conscience, offrant ainsi un soutien à ceux qui peuvent également rencontrer des difficultés d'attention ou de concentration.

De plus, l'IA peut aider les étudiants à mobilité réduite en leur offrant des environnements d'apprentissage plus flexibles. Des systèmes d'IA peuvent être intégrés aux salles de classe virtuelles, offrant aux étudiants la possibilité de suivre des cours, de participer aux discussions institutionnelles et d'accéder à des ressources pédagogiques depuis chez eux ou dans d'autres environnements non traditionnels. Ceci est particulièrement crucial pour les étudiants qui ne peuvent pas aller à l'école en raison d'obstacles physiques, car l'IA leur permet d'interagir à distance avec leurs camarades et leurs enseignants tout en bénéficiant d'un enseignement de qualité.

Les technologies d'IA permettent également d'améliorer le soutien social et émotionnel des élèves en situation de handicap. Grâce à des outils entièrement basés sur l'IA, les enseignants peuvent mieux comprendre l'état émotionnel des élèves et adapter leurs stratégies d'apprentissage en conséquence. L'IA peut analyser les expressions faciales, le ton de la voix ou même les données physiologiques pour évaluer le ressenti d'un élève et déterminer s'il rencontre des difficultés émotionnelles ou comportementales. Ces données peuvent ensuite aider les enseignants à fournir un soutien ou des aménagements supplémentaires pour que les élèves en situation de handicap se sentent soutenus émotionnellement en classe.

Cependant, si les avantages de l'IA pour soutenir les étudiants en situation de handicap sont considérables, elle pose également des défis en termes de compétences et d'éthique. L'un des problèmes est le risque d'une dépendance excessive aux structures d'IA, qui peut, par inadvertance, modifier le rôle des enseignants dans la fourniture d'un soutien émotionnel et social. Il est essentiel que l'IA soit considérée comme un outil complémentaire, et non comme une alternative à l'interaction humaine. Les enseignants et le personnel enseignant doivent rester à l'avant-garde du développement émotionnel et social des étudiants, l'IA étant un outil qui complète, plutôt que de réduire, les liens humains.

De plus, l'utilisation de l'IA dans l'enseignement soulève des questions sur la confidentialité et la sécurité des données. Les systèmes d'IA collectant souvent de grandes quantités d'informations personnelles sur les étudiants, notamment leurs styles d'apprentissage, leurs tendances comportementales et probablement même leurs statistiques de condition physique, il est crucial de mettre en place des mesures de protection solides pour protéger ces données sensibles. Les établissements d'enseignement doivent s'assurer que les équipements d'IA respectent les règles de protection des données et que la vie privée des élèves est respectée. De plus, les développeurs d'IA doivent être transparents sur la manière dont les données sont collectées, utilisées et stockées, et les parents et les élèves doivent être informés des risques et des avantages potentiels de l'utilisation des technologies d'IA.

Enfin, même si l'IA peut améliorer sensiblement l'accès à l'éducation pour les étudiants en situation de handicap, il est important de prendre en compte l'accessibilité de la technologie elle-même. Les outils d'IA doivent être conçus dans un souci d'inclusion, afin de garantir leur utilisation par des étudiants présentant différents types de handicap. Cela nécessite une collaboration entre développeurs d'IA, enseignants et défenseurs des droits des personnes handicapées afin de garantir que les systèmes d'IA soient non seulement efficaces, mais aussi véritablement accessibles à tous les étudiants, quel que soit leur handicap.

En conclusion, l'IA a le potentiel de révolutionner la manière dont nous accompagnons les élèves en situation de handicap, rendant l'éducation plus pratique, personnalisée et inclusive. Grâce à l'IA, les enseignants peuvent proposer des parcours d'apprentissage sur mesure, accompagner les élèves présentant divers handicaps et créer un environnement pédagogique plus inclusif pour tous. Cependant, comme pour toute avancée technologique, il est essentiel que l'IA soit utilisée avec discernement dans l'éducation, en accordant une attention particulière aux questions éthiques, à la confidentialité des données et à l'inclusion. Utilisée de manière responsable, l'IA peut améliorer considérablement les expériences et les opportunités éducatives des élèves en situation de handicap, les aidant ainsi à atteindre leur plein potentiel.

5.3. *Éducation numérique et accès mondial*

La formation numérique s'est imposée comme l'un des moteurs de transformation les plus importants de l'éducation actuelle, transformant la manière dont l'apprentissage est dispensé et vécu dans le secteur. Avec l'essor rapide de l'accès à Internet et les avancées technologiques, les plateformes numériques et les outils d'apprentissage en ligne touchent désormais un public mondial plus large, rendant l'apprentissage plus accessible à des personnes de tous horizons et de tous horizons.

L'un des principaux avantages de l'enseignement virtuel réside dans sa capacité à surmonter les barrières géographiques et logistiques. Dans de nombreux secteurs, notamment dans les régions rurales et reculées, l'accès aux établissements d'enseignement traditionnels peut être limité par des facteurs tels que le manque d'infrastructures, la pénurie d'enseignants qualifiés ou les contraintes économiques. L'enseignement numérique peut combler ce fossé en permettant aux étudiants d'accéder à l'apprentissage de substances, de suivre des cours en ligne et d'interagir avec des enseignants partout où ils disposent d'une connexion internet. Cette démocratisation de l'enseignement permet aux étudiants de bénéficier d'une excellente préparation, quelle que soit leur région, offrant des possibilités d'apprentissage et de développement des compétences tout au long de leur vie.

Par exemple, les cours en ligne ouverts à tous (MOOC), proposés par des universités prestigieuses comme Harvard, le MIT et Stanford, sont désormais accessibles à toute personne disposant d'une connexion internet. Ces cours couvrent un large éventail de sujets, de l' informatique au commerce, en passant par les arts et les lettres, offrant aux étudiants de première année la possibilité d'accéder à une formation de niveau international sans avoir à fréquenter physiquement l'université. De même, des plateformes numériques comme Coursera, edX et Khan Academy proposent aux débutants des guides gratuits ou à bas prix, élargissant ainsi l'accès à des ressources éducatives autrement inaccessibles à beaucoup.

Outre les MOOC, les outils de formation virtuelle comprennent également des livres numériques, des cours vidéo, des simulations interactives et des tests en ligne, tous personnalisables pour s'adapter aux besoins et aux tendances de chacun. Ces ressources permettent aux étudiants d'étudier à leur rythme, de réviser les concepts à leur guise et d'accéder à des guides via des forums en ligne ou des réseaux de pairs. Pour les débutants des régions en développement ou touchées par des conflits, l'enseignement numérique peut offrir une alternative à l'enseignement traditionnel, où les centres d'enseignement peuvent être inaccessibles ou dangereux.

De plus, la formation numérique permet d'acquérir des connaissances spécialisées sur les opportunités offertes aux entreprises marginalisées, notamment aux femmes, aux réfugiés et aux personnes handicapées. Dans de nombreuses régions du monde, les barrières culturelles ou sociales peuvent également limiter l'accès à l'éducation pour ces entreprises. Les plateformes numériques, quant à elles, peuvent offrir un espace sûr et accessible pour apprendre et développer des compétences, les aidant ainsi à surmonter ces obstacles. Par exemple, les projets d'éducation numérique, tels que ceux destinés aux filles dans les pays en développement, offrent une alternative à l'éducation traditionnelle, permettant aux femmes de poursuivre leurs études et d'améliorer leurs perspectives d'avenir.

Cependant, malgré la capacité de la formation numérique à promouvoir l'accès à l'éducation internationale, des défis considérables subsistent pour garantir que ces opportunités soient véritablement inclusives. L'un des principaux obstacles est la fracture numérique, c'est-à-dire l'écart entre ceux qui ont accès à Internet et aux technologies essentielles et ceux qui n'y ont pas accès. Dans de nombreux pays à faible revenu ou zones rurales, l'accès à Internet est limité, voire inexistant, ou même lorsqu'il est disponible, l'infrastructure peut être insuffisante pour permettre un enseignement virtuel de grande envergure. Cette disparité d'accès aux technologies peut créer un système scolaire à plusieurs niveaux, où les élèves des régions plus développées ont accès à des outils et ressources d'apprentissage de pointe, tandis que ceux des régions moins développées sont laissés pour compte.

De plus, le coût des gadgets, de la connectivité internet et des systèmes d'apprentissage numérique peut être prohibitif pour de nombreux ménages et communautés. Si certains gouvernements et organismes s'efforcent de remédier à ces problèmes en proposant des accès internet subventionnés ou en faisant don d'appareils, le manque d'accès reste important dans de nombreuses régions. Par conséquent, les élèves issus de milieux défavorisés ou de zones rurales peuvent avoir du mal à profiter pleinement des possibilités d'enseignement numérique, ce qui accentue les inégalités actuelles en matière d'accès à l'éducation.

Outre les exigences en matière d'infrastructures et d'accessibilité financière, l'éducation numérique soulève également des inquiétudes quant à la qualité de l'apprentissage. Si les structures numériques offrent un accès à une mine d'informations, la qualité de ces informations peut varier considérablement. Dans certains cas, les ressources numériques peuvent manquer de l'intensité ou de la rigueur d'un enseignement traditionnel, et les élèves peuvent avoir du mal à interagir avec un contenu qui n'est pas toujours bien conçu ou interactif. De plus, l'absence de formation en présentiel peut limiter les possibilités pour les élèves de participer à des discussions, de poser des questions ou d'obtenir un retour immédiat de la part des enseignants, autant d'éléments essentiels à l'apprentissage du système.

Pour répondre à ces situations exigeantes, il est crucial d'intégrer l'enseignement virtuel dans les systèmes éducatifs plus larges, par des méthodes qui complètent et enrichissent les modes d'apprentissage traditionnels. Cette approche garantit l'utilisation d'outils numériques en complément de l'accompagnement en présentiel, les enseignants fournissant des conseils et une assistance aux élèves dans leur apprentissage en ligne. De plus, la qualité des contenus pédagogiques virtuels doit être une priorité absolue, les plateformes et les établissements veillant à ce que les ressources soient soigneusement organisées, mises à jour et conçues pour favoriser un engagement significatif et un questionnement critique.

Les gouvernements, les ONG et les entreprises internationales ont également un rôle à jouer dans la promotion de l'accès international à l'éducation virtuelle. En investissant dans les infrastructures virtuelles, en finançant l'accès à Internet et en soutenant des projets visant à réduire la fracture numérique, ces organisations peuvent contribuer à créer un système éducatif mondial plus équitable. Par exemple, les Objectifs de développement durable (ODD) des Nations Unies mettent l'accent sur la garantie d'une éducation de qualité, inclusive et équitable, et sur la promotion de l'apprentissage tout au long de la vie pour tous, ce qui s'inscrit dans la volonté d'élargir l'accès à l'éducation virtuelle.

Outre le renforcement des infrastructures, les décideurs politiques doivent également prendre en compte la diversité culturelle, linguistique et pédagogique des nouveaux arrivants lors de la conception des programmes de formation virtuelle. Par exemple, les cours en ligne doivent être disponibles en plusieurs langues, avec un contenu adapté aux contextes culturels et aux opportunités d'apprentissage spécifiques des différentes régions. De plus, les plateformes virtuelles doivent proposer des fonctionnalités adaptées aux étudiants en situation de handicap, garantissant ainsi à tous les nouveaux arrivants un accès identique aux ressources éducatives.

Le rôle des enseignants et des éducateurs dans le paysage de l'éducation numérique est également crucial. Les enseignants doivent posséder les compétences et les informations nécessaires pour intégrer efficacement les outils virtuels à leurs pratiques pédagogiques. Cela nécessite une formation continue et un accompagnement pour les aider à appréhender les complexités de la formation numérique et à fournir des récits d'apprentissage pertinents à leurs élèves. De plus, l'enseignement virtuel ne doit plus remplacer la relation enseignant-élève, qui reste un élément essentiel d'un apprentissage efficace. La technologie doit plutôt servir à enrichir cette relation en leur fournissant des outils qui permettent aux enseignants de mieux cerner les besoins de leurs élèves et d'adapter leur accompagnement en conséquence.

En fin de compte, l'éducation virtuelle offre un potentiel considérable pour élargir l'accès à une éducation de qualité à l'échelle mondiale, contribuant ainsi à surmonter les barrières géographiques, économiques et sociales. Grâce aux plateformes virtuelles, les débutants du monde entier peuvent accéder à des ressources pédagogiques, échanger avec des enseignants et poursuivre leurs rêves d'apprentissage. Cependant, pour que l'éducation virtuelle atteigne son plein potentiel, il est crucial que les gouvernements, les agences et les enseignants travaillent ensemble pour relever les défis de la fracture numérique, garantir le meilleur des contenus d'apprentissage en ligne et créer des systèmes inclusifs et équitables offrant des opportunités à tous les étudiants, quels que soient leur origine et leur situation géographique. Grâce à ces efforts, l'éducation virtuelle peut contribuer à transformer le paysage éducatif et offrir un avenir plus accessible et plus équitable aux débutants du monde entier.

5.4. Créer des environnements d'apprentissage inclusifs grâce à l'IA

Créer des environnements d'apprentissage véritablement inclusifs est depuis longtemps un objectif fondamental de la théorie et de la pratique pédagogiques. Ces environnements appréhendent et valorisent la diversité des nouveaux arrivants, offrant à tous les élèves des chances égales d'interagir, de réussir et de s'épanouir, quels que soient leurs origines, leurs compétences ou leur identité. Avec l'avènement de l'intelligence artificielle (IA), de nouveaux outils et méthodologies ont émergé, améliorant considérablement la capacité des enseignants et des établissements à concevoir, mettre en œuvre et maintenir l'inclusion dans l'éducation. La capacité de l'IA à personnaliser l'apprentissage, à détecter les obstacles et à répondre à divers besoins offre une capacité transformatrice pour abattre les barrières traditionnelles et favoriser des environnements où chaque apprenant peut participer pleinement et significativement.

Fondamentalement, l'inclusion en éducation exige la reconnaissance de la multiplicité des différences entre les apprenants: styles cognitifs, origines culturelles, compétences linguistiques, handicaps physiques et sensoriels, facteurs socio-économiques et besoins émotionnels. Historiquement, les systèmes éducatifs reposaient souvent sur des processus universels qui ne permettaient pas de prendre en compte cette diversité, entraînant l'exclusion ou la marginalisation de nombreux élèves. Grâce à l'évaluation, les technologies d'IA permettent une personnalisation et une réactivité granulaires qui peuvent s'adapter au profil particulier de chaque apprenant, améliorant ainsi la définition et la portée de l'inclusion.

L'IA contribue grandement à l'inclusion grâce à l'apprentissage personnalisé des parcours. Les plateformes d'apprentissage adaptatif analysent les forces, les faiblesses et les préférences des nouveaux arrivants, en modifiant dynamiquement les difficultés, la mise en page et le rythme du contenu pour répondre à leurs besoins. Pour les élèves souffrant de troubles d'apprentissage tels que la dyslexie, le trouble déficitaire de l'attention avec hyperactivité (TDAH) ou le trouble du spectre autistique, les systèmes d'IA peuvent offrir des aides sur mesure – comme la synthèse vocale, des aides visuelles, des instructions simplifiées ou des simulations interactives – qui rendent le contenu plus accessible et plus attrayant. Ces stratégies individualisées réduisent la frustration et les obstacles, donnant ainsi plus de pouvoir aux élèves qui, autrement, pourraient rencontrer des difficultés dans des environnements standardisés.

De plus, les technologies d'assistance basées sur l'IA offrent un accompagnement direct aux débutants souffrant de déficiences physiques, sensorielles ou cognitives. Par exemple, la reconnaissance vocale et le traitement du langage naturel permettent aux élèves confrontés à des difficultés motrices d'utiliser des instructions vocales et des dictées. Le sous-titrage en temps réel et les avatars en langage gestuel améliorent la communication pour les personnes malentendantes. La surveillance oculaire et les technologies d'interface cerveau-ordinateur offrent aux élèves souffrant de graves problèmes de mobilité la possibilité d'interagir avec des contenus virtuels. En intégrant ces outils d'assistance aux systèmes d'apprentissage traditionnels, l'IA permet de normaliser l'accessibilité et de combler des lacunes que les solutions traditionnelles peuvent négliger ou mal gérer.

La diversité linguistique bénéficie également considérablement de l'inclusion induite par l'IA. Les débutants multilingues rencontrent souvent des difficultés lorsque la formation est dispensée uniquement dans une langue dominante. Les outils de traduction, de transcription et d'acquisition de connaissances linguistiques, optimisés par l'IA, peuvent apporter une aide linguistique immédiate, permettant aux étudiants d'accéder à du contenu dans leur langue maternelle ou d'acquérir des compétences linguistiques à leur rythme. De plus, l'IA peut comprendre un contenu culturellement pertinent et adapter des exemples ou des contextes pour qu'ils soient adaptés à différents contextes, favorisant ainsi une expérience pédagogique plus accueillante et plus pertinente.

Au-delà des supports individualisés, l'IA facilite les principes de la conception universelle de l'apprentissage (CUA) en permettant plusieurs modes de représentation, d'expression et d'engagement. Par exemple, les supports pédagogiques peuvent être proposés sous différents formats (texte, audio, vidéo, simulations interactives), offrant aux débutants la possibilité d'interagir selon leurs préférences ou leurs besoins. Les algorithmes d'IA peuvent identifier des schémas d'engagement et proposer des stratégies de diffusion de contenu alternatives si un apprenant rencontre des difficultés, éliminant ainsi proactivement les obstacles à la participation.

Dans les salles d'étude, l'analyse basée sur l'IA fournit aux enseignants des informations exploitables sur l'inclusivité de leurs pratiques de formation. En étudiant les taux de participation, la finalité des projets et les effets des évaluations sur différents groupes d'élèves, l'IA peut mettre en évidence les disparités pouvant indiquer une exclusion ou des préjugés systémiques. Les enseignants peuvent alors intervenir avec des stratégies ciblées, telles que des programmes d'éducation différenciée ou d'entraide. De plus, l'IA peut contribuer à la gestion inclusive des salles d'étude en suivant les dynamiques sociales, en détectant le harcèlement ou la marginalisation, et en alertant les enseignants afin qu'ils interviennent rapidement.

La conception et le déploiement de l'IA doivent respecter les principes d'inclusion. Le développement d'une IA inclusive implique l'utilisation de divers ensembles de données, une conception participative avec les parties prenantes d'organisations sous-représentées et une vérification continue des biais. À défaut, les technologies éducatives risquent de reproduire ou d'amplifier les inégalités sociales. Par exemple, les systèmes d'IA principalement formés à partir de données issues de populations majoritaires peuvent mal interpréter les comportements ou les souhaits des personnes issues de minorités, ce qui peut conduire à des informations erronées ou à des résultats d'exclusion. Le développement d'une IA inclusive est essentiel pour garantir une répartition équitable des avantages de l'apprentissage adaptatif et des outils d'accessibilité.

Les questions éthiques sont primordiales pour favoriser une IA inclusive, favorisant une meilleure connaissance des environnements. La transparence sur la prise de décision par les systèmes d'IA, la protection de la confidentialité des données des étudiants et le respect de l'autonomie des apprenants doivent être intégrés à tous les niveaux de mise en œuvre. Les enseignants et les étudiants devraient avoir la possibilité de contourner ou de personnaliser les interventions de l'IA, en veillant à ce que la technologie assiste le jugement humain au lieu de le remplacer. Construire un consensus sur le rôle de l'IA dans un enseignement inclusif nécessite un échange ouvert et un dialogue permanent entre toutes les parties prenantes.

De plus, l'IA permet d'améliorer la maîtrise socio-émotionnelle (MES) et de promouvoir l'inclusion au-delà de la simple satisfaction pédagogique. Les systèmes intelligents peuvent détecter les symptômes de détresse émotionnelle, d'isolement social ou d'anxiété, en particulier chez les élèves vulnérables. En alertant les enseignants ou en suggérant des ressources de soutien, l'IA contribue à créer des environnements stimulants où chaque apprenant se sent valorisé et soutenu. L'éducation inclusive s'étend ainsi à une amélioration globale, englobant le bien-être et le développement intellectuel.

À l'avenir, l'association de l'IA et des technologies émergentes, notamment la réalité virtuelle et augmentée, promet des programmes d'enseignement encore plus immersifs et inclusifs. Imaginez des étudiants en situation de mobilité exigeante explorant des sorties numériques, ou des étudiants de première année en langues menant des conversations simulées, riches en culture et adaptées à leur niveau. Ces technologies, alimentées par l'IA, abattront encore davantage les barrières physiques, sociales et cognitives, ouvrant ainsi l'accès à des connaissances expérientielles jusqu'alors inaccessibles à beaucoup.

L'IA a le potentiel de révolutionner la création d'environnements d'apprentissage inclusifs en permettant la personnalisation, l'accessibilité, la réactivité culturelle et le soutien socio-émotionnel à des échelles extraordinaires. Cependant, la maîtrise de cette capacité exige une conception réfléchie, un engagement moral et une collaboration entre les enseignants, les technologues, les décideurs politiques et les apprenants eux-mêmes. Lorsque l'inclusion est intégrée au cœur de la formation supérieure en IA, elle transforme non seulement la vie des individus, mais aussi le tissu social, favorisant l'équité, la dignité et l'égalité des chances pour tous.

5.5. Outils d'IA pour différents styles d'apprentissage

Chaque apprenant aborde l'école avec un ensemble unique d'alternatives, de points forts et de styles cognitifs, communément appelés schémas d'apprentissage. Ces styles peuvent inclure des choix visuels, auditifs, kinesthésiques, de lecture/écriture, ou une combinaison de ceux-ci. Reconnaître et prendre en compte cette diversité est essentiel pour maximiser l'engagement, la compréhension et la mémorisation. L'intelligence artificielle (IA) offre des outils efficaces pour identifier, s'adapter et soutenir divers schémas d'apprentissage au niveau des personnages, transformant ainsi l'apprentissage d'une approche unique en une expérience réellement personnalisée.

Traditionnellement, les enseignants ont dû relever le défi d'adapter leur pédagogie à différents styles d'apprentissage en raison de contraintes de temps, de ressources et de complexité. Les systèmes d'IA, quant à eux, peuvent collecter et analyser en continu des données sur les interactions des apprenants, comme leur réaction à différents formats de contenu, leur rapidité à assimiler les concepts proposés dans différentes modalités et leurs performances lors des tâches multimédias. En interprétant ces données, les algorithmes d'IA développent des profils d'apprenants dynamiques qui reflètent non seulement les tendances les plus courantes, mais aussi des facteurs contextuels tels que l'humeur, la motivation et la charge cognitive.

L'un des principaux avantages de l'IA réside dans la diffusion adaptative de contenu, où les supports sont conçus sur mesure pour s'adapter aux possibilités d'apprentissage des individus. Par exemple, un élève ayant un style d'apprentissage visuel pourra acquérir des infographies, des vidéos et des animations, tandis qu'un apprenant auditif pourra se voir proposer des podcasts, des explications narratives ou des quiz vocaux. Les débutants kinesthésiques bénéficient de simulations interactives et de laboratoires virtuels pratiques alimentés par l'IA, qui ajustent la complexité en fonction des commentaires en temps réel. En diffusant le contenu selon les modes préférés de l'apprenant, l'IA renforce l'engagement et permet une compréhension plus approfondie.

Le traitement automatique du langage naturel (TALN) et les technologies de reconnaissance vocale élargissent encore la portée de l'IA pour soutenir les styles d'apprentissage auditifs et verbaux. Des systèmes de tutorat intelligents, équipés de spécialistes du marketing conversationnel ou de chatbots, encouragent les nouveaux arrivants à parler, à poser des questions, à fournir des explications et à apporter des éclaircissements, comme le feraient des tuteurs humains. Ces systèmes peuvent intervenir lorsqu'un élève a du mal à comprendre une idée et adapter les modalités, par exemple du texte à la voix, pour mieux répondre à ses besoins.

L'IA excelle également dans les environnements d'apprentissage multimodaux, qui combinent de multiples entrées sensorielles pour répondre à des choix d'apprentissage complexes et évolutifs. Grâce aux données des capteurs, au suivi oculaire et aux journaux d'interaction, l'IA vidéo optimise l'engagement de l'apprenant et ajuste les méthodes pédagogiques en conséquence. Par exemple, si un apprenant présente des symptômes de fatigue au cours d'une longue vidéo, l'appareil peut proposer un exercice interactif ou passer au texte pour maintenir l'attention. Ce modèle fluide accompagne les débutants dont les habitudes fluctuent en fonction du contexte, de la complexité du contenu ou de l'état émotionnel.

De plus, l'analyse des apprentissages basée sur l'IA offre aux enseignants un aperçu de la diversité des schémas d'apprentissage au sein de leurs classes. Des tableaux de bord et des rapports synthétisent les modalités les plus pertinentes pour certains élèves ou entreprises, permettant aux enseignants de concevoir des cours combinés répondant à des besoins variés. Cette approche, basée sur les données, favorise une pratique différenciée sans submerger les enseignants, comblant ainsi l'écart entre individualisation et évolutivité.

L'IA favorise également le développement métacognitif en aidant les nouveaux arrivants à prendre conscience de leurs propres styles et stratégies d'apprentissage. Les commentaires personnalisés et les activités réflexives générés par l'IA encouragent les étudiants à tester différentes modalités et à trouver celles qui leur conviennent le mieux. Au fil du temps, les novices développent des compétences d'autorégulation, adaptant leurs processus pour optimiser les résultats selon les sujets et les contextes.

L'intégration de l'IA à des technologies émergentes comme la réalité virtuelle (RV) et la réalité augmentée (RA) ouvre de nouvelles possibilités pour répondre à divers styles d'apprentissage. Les environnements immersifs peuvent simuler des scénarios réels pour les débutants kinesthésiques, fournir des contextes visuels riches et intégrer des signaux sonores spatiaux. Les algorithmes d'IA de ces environnements modifient les récits en fonction des réponses des apprenants, garantissant ainsi leur adéquation avec leurs choix et leurs besoins individuels.

Outre le contenu pédagogique, les outils d'IA facilitent l'apprentissage socio-émotionnel (ASE) adapté à divers modèles de communication et d'interaction. Les systèmes peuvent comprendre lorsque les apprenants choisissent un travail collaboratif, une mise en miroir personnelle ou une narration interactive, adaptant ainsi les dynamiques sociales et les activités pour optimiser l'engagement et le bien-être émotionnel.

Cependant, le déploiement réussi d'outils d'IA pour de nombreux modèles d'apprentissage exige une attention particulière aux questions d'éthique et d'accessibilité. Les algorithmes doivent s'appuyer sur des ensembles de données inclusifs afin d'éviter de renforcer les biais susceptibles de marginaliser certains groupes d'apprenants. La transparence concernant la collecte et l'utilisation des données favorise l'entente entre les enseignants et les enseignants. Il est important que l'IA renforce les capacités des enseignants humains plutôt que de les remplacer, en agissant comme une technologie augmentative qui améliore la prise de décisions pédagogiques.

De plus, les systèmes d'IA doivent rester flexibles et éviter de catégoriser de manière rigide les étudiants de première année, en reconnaissant que les individus peuvent également présenter des schémas d'apprentissage multiples ou modifier les options en fonction du contenu et du contexte. Une insistance excessive sur des schémas fixes risque de cataloguer les étudiants et de restreindre leur exposition à des techniques alternatives favorisant le développement cognitif.

Les outils basés sur l'IA offrent des possibilités exceptionnelles pour guider et faciliter l'apprentissage des différents styles en milieu scolaire. En adaptant constamment le contenu, en proposant des rapports multimodaux et en favorisant la concentration métacognitive, l'IA transforme l'apprentissage en un parcours personnalisé, stimulant et efficace. Associées à un accompagnement humain réfléchi et à une mise en œuvre éthique, ces technologies tiennent la promesse de libérer les capacités de chaque apprenant et de favoriser un paysage éducatif plus inclusif et dynamique.

CHAPITRE 6

L'IA et la révolution de l'éducation

6.1. Tendances futures de l'éducation

L'éducation a toujours été un domaine en constante évolution, avec des processus constamment modifiés au cours de l'histoire. Avec le progrès technologique, ces changements sont devenus plus rapides et plus profonds. L'intelligence artificielle (IA) est l'un des moteurs les plus importants de cette évolution, avec le potentiel de révolutionner les systèmes éducatifs. À l'avenir, les tendances en matière d'éducation transformeront non seulement les apprentissages des élèves, mais rendront également les méthodes d'apprentissage plus efficaces et interactives.

Le rôle de l'IA dans la formation va bien au-delà de la numérisation des supports de formation et de la personnalisation des contenus proposés aux étudiants. L'IA déterminera l'orientation des tendances pédagogiques, transformera les méthodes d'enseignement et transformera profondément le fonctionnement des établissements d'enseignement.

L'une des tendances les plus importantes en matière de formation est l'évolution vers des expériences d'apprentissage personnalisées, adaptées aux besoins individuels des étudiants. Chaque élève apprend différemment, à des rythmes, des styles et des exigences différents. L'IA peut gérer ces différences en fournissant à chaque élève le contenu, les supports et les méthodes d'apprentissage les plus adaptés.

L'IA analysera les performances antérieures des élèves, leurs styles d'apprentissage, leurs points forts et leurs points faibles afin de créer des plans d'apprentissage personnalisés. À l'avenir, les structures basées sur l'IA suivront en continu les progrès des élèves et leur proposeront les parcours d'apprentissage les plus adaptés. Cette approche personnalisée permet aux élèves d'apprendre à leur propre rythme, ce qui peut améliorer considérablement leurs résultats scolaires.

L'avenir de l'IA dans l'éducation pourrait également reposer sur la maîtrise de l'analytique. L'analytique de l'apprentissage consiste à collecter et à analyser les données des élèves afin de fournir des informations précieuses sur leurs processus d'apprentissage. L'IA exploitera d'importants volumes de statistiques, permettant d'évaluer les performances des élèves avec une précision inégalée. Les enseignants et les établissements d'enseignement pourraient ainsi mieux comprendre les parcours d'apprentissage des élèves, ce qui permettrait des interventions plus ciblées.

L'IA suivra en permanence les statistiques de participation des élèves, analysera les effets, les interactions et d'autres indicateurs de performance. Grâce à ces données, les enseignants pourront identifier les points faibles des élèves et les accompagner en conséquence. De plus, les structures d'IA peuvent anticiper les pannes de performance et alerter les enseignants à l'avance, leur permettant ainsi d'intervenir au bon moment. À mesure que l'analyse de l'apprentissage s'adaptera, les stratégies pédagogiques devraient devenir encore plus personnalisées et efficaces.

tendance majeure de l'avenir de l'éducation est l'adoption croissante de modèles d'apprentissage hybrides. L'apprentissage hybride combine formation traditionnelle en présentiel et apprentissage en ligne. L'IA jouera un rôle essentiel dans la réussite de ces structures. Elle peut offrir aux étudiants un apprentissage interactif de contenu dans des environnements en ligne, tout en améliorant les interactions de qualité entre enseignants et étudiants.

Les systèmes d'apprentissage hybrides, soutenus par l'IA, permettront aux étudiants d'interagir simultanément en présentiel et sur des plateformes en ligne, offrant ainsi plus de flexibilité et des rapports d'apprentissage personnalisés. Les étudiants pourront étudier à leur rythme, tandis que les enseignants pourront optimiser leur progression. Cette version permettra aux étudiants et aux enseignants de s'épanouir, rendant l'enseignement plus dynamique et adaptable.

À l'avenir, le rôle des enseignants pourrait évoluer. Si l'IA peut faciliter et rationaliser les techniques d'enseignement, elle ne remplacera pas complètement les enseignants. L'IA les aidera à guider, encadrer et transmettre l'intelligence émotionnelle, autant d'éléments essentiels de l'enseignement.

L'IA pourrait améliorer l'efficacité de la gestion des salles de cours, mais le lien humain entre enseignants et étudiants restera essentiel.

Les systèmes pédagogiques basés sur l'IA offriront aux enseignants une plus grande liberté et une plus grande polyvalence, leur permettant d'adopter des méthodes pédagogiques plus innovantes et centrées sur les élèves. Les enseignants pourront prendre des décisions plus éclairées en s'appuyant sur les données fournies par les systèmes d'IA, en se concentrant sur les points forts et les domaines nécessitant une attention particulière des élèves.

L'une des tendances clés pour l'avenir est l'amélioration de l'accessibilité à l'éducation. L'IA a le potentiel de réduire les inégalités scolaires. Les solutions basées sur l'IA peuvent considérablement améliorer l'accès à l'éducation pour les étudiants des régions en développement et pour les personnes handicapées. Les outils basés sur l'IA peuvent répondre aux besoins spécifiques des élèves et les intégrer dans des environnements d'apprentissage plus inclusifs.

L'IA peut créer des supports d'apprentissage personnalisés pour les élèves en situation de handicap, notamment les personnes souffrant de déficiences visuelles ou auditives, ou celles ayant des difficultés d'apprentissage. Cela crée un système éducatif plus inclusif, permettant à tous les élèves d'étudier à leur rythme et selon leurs envies. L'IA peut combler les écarts en matière d'accès à l'éducation et offrir une expérience d'apprentissage plus équitable aux élèves de tous horizons.

Le développement technologique rend l'apprentissage plus accessible à l'échelle internationale. L'IA jouera un rôle crucial dans le développement de l'accès à l'éducation à l'échelle mondiale. Grâce aux systèmes d'apprentissage en ligne et aux outils d'IA, les étudiants du monde entier peuvent accéder à des ressources pédagogiques. L'IA peut aplanir les barrières linguistiques, proposer des supports pédagogiques dans la langue maternelle des étudiants et personnaliser le contenu pour enrichir l'expérience d'apprentissage.

Ces caractéristiques offriront des perspectives académiques, notamment aux étudiants des régions éloignées et des pays en développement, réduisant ainsi les disparités éducatives mondiales. L'IA ne se contentera plus de fournir des supports d'apprentissage, mais fournira également des outils pour rendre l'enseignement plus interactif et accessible, permettant aux étudiants de bénéficier d'un enseignement de meilleure qualité, quelle que soit leur région.

L'émergence de modèles pédagogiques totalement inédits est une caractéristique majeure. L'IA permettra le développement de méthodes d'apprentissage révolutionnaires rendant le processus d'apprentissage plus efficace, interactif et personnalisé. Ces nouveaux modèles dépasseront le cadre du contenu pédagogique et transformeront les rôles des étudiants, des enseignants et des établissements d'enseignement.

L'IA peut fournir aux étudiants des commentaires continus, surveiller leur rythme d'apprentissage et leur offrir un accompagnement personnalisé. Les systèmes éducatifs intégrant ces nouveaux modèles peuvent être plus performants, permettant aux étudiants d'apprendre mieux et plus rapidement. Les enseignants peuvent même bénéficier d'informations plus précises sur les besoins et les compétences des étudiants, afin d'améliorer les résultats pédagogiques généraux.

6.2. Le nouveau modèle éducatif: l'IA et les établissements d'enseignement

L'essor de l'intelligence artificielle (IA) ne transforme pas seulement les méthodes de recherche des étudiants, mais transforme également les structures fondamentales des établissements d'enseignement. À l'avenir, les établissements d'enseignement pourraient être étroitement liés à l'IA, ce qui entraînera une refonte complète des modèles éducatifs traditionnels. L'IA introduira de nouvelles méthodologies, de nouveaux outils et de nouvelles stratégies, redéfinissant ainsi la manière dont l'apprentissage est effectué, accessible et vécu.

L'un des principaux changements que l'IA apportera aux établissements d'enseignement est l'introduction de systèmes de gestion basés sur l'IA. Ces structures simplifieront les tâches administratives, amélioreront l'efficacité opérationnelle et optimiseront l'allocation des aides. L'IA peut automatiser de nombreuses fonctions administratives telles que la notation, la planification des horaires, la présence et le suivi des évaluations, permettant ainsi aux enseignants et aux administrateurs de se concentrer sur des tâches plus importantes, comme l'engagement des élèves et l'élaboration des programmes.

Ces systèmes de contrôle d'IA pourraient même fournir des analyses statistiques précieuses, aidant ainsi les écoles et les universités à prendre des décisions fondées sur les données. Par exemple, l'IA peut analyser les statistiques de performance et d'engagement des étudiants pour identifier les tendances, prévoir les résultats futurs et recommander des interventions visant à améliorer les performances générales. Cette capacité prédictive permettra aux établissements d'enseignement de gérer proactivement les problèmes avant qu'ils ne s'amplifient, garantissant ainsi aux étudiants le soutien nécessaire à leur réussite.

L'IA peut même aider les établissements d'enseignement à proposer des parcours d'apprentissage personnalisés, prenant en compte les besoins, les loisirs et les styles d'apprentissage de chaque élève. Grâce à l'IA, les établissements peuvent créer des parcours académiques personnalisés pour les étudiants, leur permettant d'apprendre à leur propre rythme et d'une manière qui leur correspond parfaitement. L'IA permettra aux enseignants de dispenser un enseignement plus ciblé, garantissant ainsi qu'aucun élève ne soit laissé pour compte.

L'IA peut analyser les statistiques des élèves, notamment leurs résultats scolaires antérieurs, leurs perspectives d'apprentissage et les zones de conflit, afin de créer des plans d'apprentissage personnalisés. Ces plans peuvent s'adapter en temps réel aux progrès de l'élève, en proposant des ressources supplémentaires ou en ajustant le niveau de difficulté du matériel selon les besoins. Cette méthode sur mesure renforce non seulement l'engagement des élèves, mais garantit également qu'ils atteignent leur pleine capacité en leur fournissant l'aide appropriée au bon moment.

Outre la transformation des fonctions administratives, l'IA révolutionnera les méthodes d'enseignement. Elle assistera les enseignants en leur fournissant une large gamme d'outils de formation qui optimisent l'engagement des élèves et les résultats d'apprentissage. Des outils basés sur l'IA, tels que des structures de tutorat intelligentes, des salles de cours virtuelles et des systèmes d'apprentissage interactifs, contribueront à créer une compréhension plus attractive, dynamique et réactive de l'environnement.

Par exemple, les systèmes de tutorat basés sur l'IA peuvent fournir instantanément des commentaires et des explications aux élèves, leur permettant ainsi de travailler à leur rythme et de bénéficier d'un apprentissage personnalisé en dehors des heures de cours traditionnelles. Ces systèmes peuvent simuler des interactions de type humain, fournissant aux élèves des explications, des exemples et des conseils selon les besoins. En intégrant l'IA à l'enseignement en classe, les enseignants peuvent utiliser des données statistiques pour personnaliser leur formation et l'adapter aux besoins d'apprentissage spécifiques des élèves.

Les salles de classe traditionnelles sont également appelées à évoluer à l'ère de l'IA. Les établissements d'enseignement adopteront de plus en plus de systèmes d'apprentissage intelligents et de classes virtuelles offrant des apprentissages plus flexibles et interactifs. Ces plateformes peuvent intégrer des technologies d'IA telles que le traitement du langage naturel, l'apprentissage automatique et des algorithmes d'apprentissage adaptatif pour créer des apprentissages personnalisés pour chaque élève.

Les salles de classe numériques permettront aux élèves d'interagir avec le contenu via divers formats multimédias, tels que la vidéo, les simulations et la réalité virtuelle (RV). Ces technologies, soutenues par l'IA, offriront des expériences d'apprentissage immersives dépassant les limites des manuels traditionnels et de l'enseignement statique. Les élèves auront accès à un éventail plus large de ressources et de supports d'apprentissage, et pourront s'engager dans un apprentissage plus pratique et expérientiel.

L'IA facilitera également la collaboration en temps réel dans les salles de cours virtuelles, permettant aux étudiants de travailler ensemble au-delà des frontières géographiques. Les outils d'IA peuvent optimiser les interactions entre étudiants, analyser la dynamique institutionnelle et promouvoir des activités collaboratives en fonction des forces et des faiblesses des étudiants, favorisant ainsi un apprentissage plus interactif et plus attractif.

Les établissements d'enseignement du monde entier bénéficieront du potentiel de l'IA pour combler les fossés géographiques et culturels. L'IA facilitera la collaboration internationale en donnant aux étudiants accès à une gamme diversifiée de ressources et de supports d'apprentissage issus de différentes composantes du secteur. Les établissements peuvent utiliser des outils basés sur l'IA pour surmonter les barrières linguistiques, traduire des supports et garantir aux étudiants l'accès à des contenus pédagogiques dans leur langue maternelle.

La capacité de l'IA à offrir des expériences d'apprentissage personnalisées pourrait s'avérer particulièrement utile aux étudiants des régions défavorisées ou aux personnes ayant un accès limité aux ressources pédagogiques traditionnelles. En rendant le contenu académique plus accessible, l'IA contribuera à réduire les inégalités scolaires, offrant à tous les étudiants les mêmes possibilités d'apprentissage et de réussite.

De plus, l'IA peut permettre des partenariats internationaux entre établissements universitaires, encourageant le partage d'informations, d'études et de ressources. Ce réseau mondial de structures éducatives plus performantes en IA favorisera la compréhension et la collaboration interculturelles, préparant ainsi les étudiants au monde interconnecté dans lequel ils évolueront.

L'IA devenant un élément essentiel des institutions académiques, d'importantes questions morales doivent être abordées. L'une des principales préoccupations concerne la confidentialité et la sécurité des données des élèves. Les systèmes d'IA dépendent fortement des données pour personnaliser les rapports d'apprentissage et optimiser les performances des élèves. Les établissements d'enseignement doivent s'assurer que les données des élèves sont conservées en toute sécurité et que leur confidentialité est respectée.

Un autre problème majeur réside dans la capacité de l'IA à exacerber les inégalités actuelles en matière d'éducation. Si l'IA a le pouvoir de rendre l'éducation plus inclusive, elle peut également creuser la fracture numérique si elle n'est pas mise en œuvre de manière équitable. Les établissements d'enseignement doivent veiller à ce que chaque élève ait accès à la technologie et aux ressources nécessaires pour bénéficier d'un apprentissage amélioré par l'IA.

De plus, à mesure que l'IA prend une part de plus en plus importante à la prise de décision dans l'éducation, elle pourrait moderniser les enseignants ou réduire la dimension personnalisée de l'enseignement. Les établissements d'enseignement devront trouver un équilibre entre l'exploitation de l'IA pour améliorer les résultats d'apprentissage et le maintien de l'aspect humain, essentiel à l'éducation. Les enseignants continueront de jouer un rôle essentiel dans le développement de la créativité, de la réflexion critique et de l'intelligence émotionnelle des élèves, domaines dans lesquels l'IA ne peut remplacer totalement l'intervention humaine.

En anticipant, les établissements d'enseignement pourraient être transformés par l'IA, créant ainsi un environnement d'apprentissage plus dynamique, personnalisé et accessible. À mesure que l'IA se modernise, les structures éducatives devront évoluer pour garantir aux élèves un enseignement de la meilleure qualité possible, tout en répondant aux préoccupations éthiques et en garantissant un accès équitable à la technologie.

L'IA permettra aux établissements d'enseignement supérieur de proposer aux étudiants des parcours d'apprentissage plus personnalisés, plus flexibles et plus écologiques, ce qui, à terme, améliorera leurs résultats scolaires. L'avenir de l'éducation sera celui où la technologie et la compréhension humaine s'uniront pour créer un environnement d'apprentissage plus inclusif, plus efficace et plus progressiste pour tous les étudiants.

Alors que l'IA continue de transformer l'éducation, l'avenir des établissements d'enseignement s'annonce prometteur, offrant de nouvelles possibilités aux étudiants comme aux enseignants. L'intégration de l'IA favorisera un système éducatif plus adaptatif et plus écologique, ouvrant la voie à un avenir où l'apprentissage sera adapté aux besoins et aux capacités uniques de chaque élève, et où les établissements d'enseignement resteront à la pointe de l'innovation.

6.3. Analyse de l'apprentissage et intelligence artificielle

L'analyse de l'apprentissage, combinée à l'intelligence artificielle (IA), représente une avancée majeure dans le domaine de l'éducation, en apportant des connaissances fondées sur les données à la pointe des méthodes de formation et d'apprentissage. Cette intersection entre l'IA et l'analyse de l'apprentissage n'est pas une simple tendance, mais une transformation essentielle pour façonner l'avenir des structures éducatives, les rendant plus personnalisées, plus efficaces et plus attentives aux besoins d'apprentissage des individus. Grâce à la puissance de l'IA, l'analyse de l'apprentissage peut libérer de nouvelles capacités pour comprendre le comportement des élèves, améliorer les résultats scolaires et optimiser les méthodes de formation.

L'analyse de l'apprentissage désigne la collecte, le traitement et l'analyse de statistiques concernant les élèves débutants et leur contexte afin d'améliorer l'apprentissage et l'encadrement. Ces statistiques peuvent provenir de diverses sources, notamment des évaluations des élèves, de la participation à des structures numériques, de l'interaction avec les ressources d'apprentissage, et même des médias sociaux ou des outils d'échange verbal utilisés en classe. En collectant et en étudiant systématiquement ces informations, les enseignants peuvent mieux comprendre le développement des élèves, identifier des schémas d'apprentissage et prendre des décisions éclairées pour améliorer l'expérience d'apprentissage.

Traditionnellement, l'analyse des apprentissages se concentrait sur l'évaluation rétrospective, où les informations issues des activités passées étaient utilisées pour évaluer les performances globales des étudiants. Cependant, grâce à l'intégration des technologies d'IA, l'analyse des apprentissages peut désormais fonctionner en temps réel, fournissant des informations actualisées qui aident les enseignants et les établissements à s'adapter rapidement aux défis émergents.

Le rôle de l'IA dans la maîtrise de l'analyse est de traiter et d'examiner des volumes considérables de données à une vitesse et à une échelle impossibles à atteindre pour des humains. Les algorithmes d'IA, notamment ceux qui œuvrent dans les domaines de l'apprentissage systémique et de l'apprentissage profond, peuvent identifier des schémas statistiques complexes que les enseignants pourraient négliger. En exploitant ces schémas, l'IA pourrait prédire les performances, l'engagement et les risques liés aux compétences des élèves, en tenant compte d'une intervention précoce et d'un accompagnement personnalisé.

Les outils d'analyse d'apprentissage pilotés par l'IA peuvent suivre en continu la progression des élèves, en indiquant leurs points faibles ou leurs points forts. Ces outils permettent d'analyser les effets, notamment les chances de réussite, et de proposer des interventions susceptibles d'améliorer les performances globales des élèves. Cette fonctionnalité prédictive aide non seulement les élèves, mais fournit également des informations précieuses aux enseignants pour affiner leurs stratégies pédagogiques.

L'IA peut également aider à identifier les éléments cachés qui influencent les résultats d'apprentissage, notamment les états émotionnels, la motivation et les interactions sociales, souvent difficiles à mesurer avec les stratégies d'évaluation traditionnelles. En interprétant les données comportementales, l'IA peut fournir une compréhension plus complète de la méthode d'apprentissage, permettant ainsi aux enseignants de répondre aux différents besoins de leurs élèves.

L'un des aspects les plus puissants de l'IA et de l'acquisition de connaissances en analyse est la possibilité de fournir des informations en temps réel sur l'apprentissage des élèves. Cela permet une expérience d'apprentissage personnalisée, où la formation et les ressources peuvent être adaptées aux besoins individuels de chaque élève. Grâce à l'IA, l'analyse de l'apprentissage permet de suivre les progrès d'un élève sur plusieurs aspects, notamment la compréhension, la participation et l'engagement, et d'ajuster le parcours d'apprentissage en fonction des données en temps réel.

Par exemple, l'IA peut détecter si un élève éprouve des difficultés avec un concept spécifique et lui proposer automatiquement des ressources supplémentaires, des activités sportives ou d'autres objectifs. De même, si un élève excelle, le système peut lui proposer du matériel pédagogique de qualité pour le perfectionner. En fournissant un contenu parfaitement adapté à ses compétences de pointe, l'IA permet une compréhension adaptative de l'environnement qui maximise les capacités de chaque élève.

De plus, l'analyse en temps réel permet un retour d'information immédiat, garantissant ainsi que les étudiants n'attendent pas les résultats de l'évaluation avec impatience. Cette boucle de commentaires opportune permet non seulement aux étudiants de rester sur la bonne voie, mais favorise également une expérience d'apprentissage plus attrayante et motivante.

L'un des principaux avantages de l'analyse d'apprentissage basée sur l'IA est la capacité à anticiper les performances et les résultats des élèves. En analysant les statistiques historiques et les comportements des élèves, l'IA peut anticiper les difficultés d'apprentissage auxquelles un élève pourrait être confronté et proposer des interventions précoces pour prévenir l'échec. Par exemple, l'IA peut identifier les élèves susceptibles d'abandonner ou d'échouer en fonction de facteurs tels que le niveau d'engagement, le taux de réussite des travaux et l'évaluation des performances.

Les enseignants et les administrateurs peuvent utiliser ces prédictions pour mettre en place des interventions ciblées, telles que des cours particuliers, du mentorat ou des modifications des méthodes pédagogiques. Une intervention précoce permet un accompagnement au bon moment, évitant ainsi aux élèves de prendre trop de retard et augmentant leurs chances de réussite. Cette approche proactive de l'aide aux étudiants peut réduire considérablement les taux d'abandon et améliorer les résultats scolaires.

De plus, l'analyse prédictive permet d'identifier les évolutions et les tendances plus larges au sein des systèmes éducatifs. Par exemple, l'IA peut analyser les données de performance issues de différents guides et données démographiques afin d'identifier les problèmes à l'échelle de l'établissement, comme les écarts de satisfaction des étudiants ou les disparités d'impact entre les différentes associations étudiantes. Ces informations peuvent orienter les réformes institutionnelles, garantissant ainsi à chaque étudiant la possibilité de réussir.

L'acquisition de connaissances analytiques grâce à l'IA profite non seulement aux étudiants, mais fournit également des informations précieuses aux enseignants. Les enseignants peuvent utiliser les statistiques pour analyser leurs méthodes d'enseignement, identifier les points faibles des élèves et adapter leurs stratégies pédagogiques en conséquence. Par exemple, si un grand nombre d'élèves ont des difficultés à comprendre une notion spécifique, un enseignant peut utiliser l'analyse pour identifier la cause profonde et adapter le plan de cours ou la stratégie de formation.

L'IA permet également aux enseignants de mieux comprendre les étudiants, hommes et femmes, en mettant en évidence leurs forces, leurs faiblesses et leurs options d'apprentissage. Ces informations permettent aux enseignants de proposer un enseignement plus personnalisé et d'allouer les ressources plus efficacement, garantissant ainsi à chaque élève le soutien nécessaire à sa réussite.

De plus, l'analyse des données peut aider les enseignants à optimiser leurs performances et leur développement professionnel. En lisant les commentaires et les évaluations des étudiants, l'IA peut identifier les domaines dans lesquels un enseignant pourrait avoir besoin de formation ou d'aide supplémentaire. Cette boucle de commentaires continue favorise une sous-culture du développement, aidant les enseignants à devenir plus efficaces dans leur rôle.

Au-delà des étudiants et des enseignants, l'analyse de l'apprentissage basée sur l'IA offre également aux établissements d'enseignement des informations précieuses sur leurs performances et leur efficacité. Les responsables pédagogiques peuvent ainsi évaluer la réussite de leurs candidatures, de leurs cours et de leurs stratégies de coaching, et prendre des décisions éclairées quant à l'allocation des ressources et à l'amélioration des politiques institutionnelles.

Par exemple, la maîtrise de l'analytique permet d'identifier les guides ou les départements les moins performants, permettant ainsi d'optimiser les améliorations ciblées dans la conception des programmes ou l'encadrement. De même, les établissements peuvent utiliser l'analytique pour révéler l'efficacité des nouvelles technologies, interventions ou techniques pédagogiques, s'assurant ainsi que leurs investissements produisent les résultats escomptés.

L'IA peut également aider les établissements à évaluer l'efficacité de leurs méthodes d'admission, de leurs services d'accompagnement aux étudiants, voire de leurs directives en matière de ressources financières. En consultant les dossiers, les établissements peuvent affiner leurs stratégies afin de mieux répondre aux besoins de leurs étudiants, améliorant ainsi, à terme, l'expérience pédagogique générale.

Bien que les capacités de l'IA et l'acquisition de connaissances analytiques soient considérables, il est important de prendre en compte les implications morales de l'utilisation de ces technologies. La collecte et l'analyse des données des étudiants soulèvent des questions de confidentialité, de sécurité des dossiers et de consentement. Les établissements d'enseignement doivent s'assurer que les données sont collectées et stockées en toute sécurité, conformément aux lois sur la protection de la vie privée et aux recommandations éthiques afin de protéger la confidentialité des données des étudiants.

De plus, il existe un risque que les décisions fondées sur les données perpétuent des biais ou des inégalités. Si les algorithmes d'IA sont entraînés sur des données biaisées, ils peuvent accentuer les disparités actuelles en matière d'éducation, entraînant ainsi un traitement injuste de certains profils étudiants. Il est essentiel que les établissements prennent des mesures pour garantir que les systèmes d'analyse de l'apprentissage soient transparents, responsables et exempts de biais.

L'analyse de l'apprentissage basée sur l'IA doit également être utilisée de manière responsable, en veillant à ce que l'accent reste mis sur l'amélioration de la compréhension des résultats et la satisfaction des élèves, plutôt que sur l'exploitation des données à des fins commerciales ou de surveillance. Des considérations éthiques doivent guider le développement et la mise en œuvre de l'analyse de l'apprentissage basée sur l'IA, afin que les avantages de cette technologie soient exploités sans compromettre les droits des élèves.

L'association de l'IA et de l'analyse de l'apprentissage transforme le paysage éducatif en fournissant des informations personnalisées et factuelles qui améliorent la formation et l'apprentissage. En fournissant un retour d'information en temps réel, en prédisant les effets sur les élèves et en permettant des interventions ciblées, l'IA permet aux enseignants et aux établissements de créer des environnements d'apprentissage plus adaptatifs, plus écologiques et plus efficaces. Cependant, comme pour toute technologie, l'intégration de l'IA dans l'éducation exige une attention particulière aux questions éthiques, aux problèmes de confidentialité et au risque de biais. Grâce à une mise en œuvre responsable, l'analyse de l'apprentissage basée sur l'IA peut jouer un rôle essentiel pour façonner l'avenir de l'éducation, en la rendant plus personnalisée, plus inclusive et plus efficace pour tous les débutants.

6.4. Technologies émergentes qui façonnent la transformation de l'éducation

Le paysage éducatif connaît une profonde transformation, portée par l'évolution rapide des nouvelles technologies. Ces innovations améliorent non seulement les méthodes traditionnelles d'enseignement et d'apprentissage, mais redéfinissent également la nature même de l'éducation: la manière dont les compétences sont acquises, partagées et mises en œuvre. Si l'intelligence artificielle (IA) demeure la pierre angulaire de cette révolution, une constellation de technologies complémentaires converge pour créer des programmes pédagogiques dynamiques, immersifs et particulièrement personnalisés. Ensemble, ces technologies émergentes façonnent l'avenir de l'apprentissage en élargissant l'accès, en favorisant l'engagement et en dotant les apprenants des compétences essentielles à un monde en mutation rapide.

L'une des technologies les plus percutantes qui révolutionnent l'apprentissage est la réalité étendue (XR), un terme générique regroupant la réalité virtuelle (RV), la réalité augmentée (RA) et la réalité mixte (RM). Les technologies XR offrent des environnements immersifs où les personnes inexpérimentées peuvent interagir avec des mondes simulés ou superposer des données numériques à l'environnement physique. En RV, les étudiants peuvent entreprendre des voyages virtuels sur le terrain vers des sites antiques, explorer l'anatomie du corps humain en 3D ou participer à des expériences technologiques réalistes, autrement impossibles en raison de contraintes de coût ou de sécurité. La RA, quant à elle, enrichit les environnements réels grâce à des données contextuelles, notamment des modèles interactifs projetés sur des manuels ou la traduction en temps réel des conversations. La réalité mixte fusionne ces deux technologies, permettant une interaction fluide entre les éléments physiques et numériques.

Les atouts pédagogiques de la XR résident dans son potentiel d'apprentissage expérientiel qui s'adapte à de nombreux schémas d'apprentissage, favorise l'engagement dynamique et favorise l'apprentissage spatial et kinesthésique. Avec la baisse du coût du matériel et l'avènement de logiciels de pointe, la XR est en passe de devenir un outil pédagogique incontournable, élargissant les possibilités d'apprentissage pratique au-delà des salles de classe traditionnelles.

L'intelligence artificielle et l'apprentissage automatique s'adaptent rapidement et constituent le socle des systèmes d'apprentissage adaptatifs qui adaptent le contenu, le rythme et l'évaluation aux besoins de chaque apprenant. Au-delà de la personnalisation, l'IA permet des analyses d'apprentissage qui offrent aux enseignants un aperçu des performances des élèves, de leurs styles d'engagement et de leurs lacunes en matière d'apprentissage. Ces analyses guident les interventions basées sur les données et les modifications des programmes, favorisant un enseignement plus efficace et plus réactif. De plus, les avancées du traitement automatique du langage naturel (TALN) facilitent le développement de systèmes de tutorat intelligents et de spécialistes du marketing conversationnel qui interagissent avec les élèves en langage naturel, répondent à leurs questions, argumentent et favorisent les questions essentielles.

La blockchain, souvent reconnue pour son rôle dans les transactions économiques stables, est une autre ère émergente et porteuse de potentiel transformateur. Dans le domaine de l'éducation, elle peut révolutionner la délivrance de diplômes et la conservation des documents en créant des diplômes et des relevés de notes numériques immuables et vérifiables. Elle complète la portabilité et la fiabilité des données académiques, facilitant ainsi l'apprentissage tout au long de la vie et la mobilité professionnelle. De plus, la blockchain favorise les structures d'apprentissage décentralisées, où les apprenants ont un meilleur contrôle sur leurs données et leurs parcours scolaires, contrairement aux institutions centralisées traditionnelles.

L'Internet des objets (IoT) façonne également les environnements éducatifs en connectant des objets physiques – tels que des tableaux blancs intelligents, des gadgets portables et des capteurs environnementaux – aux réseaux numériques. L'IoT permet un suivi en temps réel des conditions de classe, l'engagement des élèves grâce à des données biométriques et une intégration fluide des outils d'apprentissage physiques et numériques. Par exemple, les objets connectés peuvent ajuster les niveaux d'intérêt ou de stress, provoquant des interventions rapides ou un accompagnement personnalisé. Les infrastructures IoT contribuent au développement d'amphithéâtres intelligents, adaptatifs, écologiques et centrés sur l'apprenant.

La 5G et les technologies de connectivité avancées soutiennent nombre de ces innovations, en fournissant des réseaux haut débit et à faible latence, essentiels aux applications gourmandes en données, comme le streaming de contenu VR ou l'assistance aux calculs d'IA à grande échelle. Cette connectivité améliorée favorise également les modèles d'apprentissage hybrides et à distance, brisant les frontières géographiques et élargissant l'accès à l'éducation dans les zones mal desservies.

Le cloud computing permet un stockage et un traitement évolutifs et économiques des statistiques et applications pédagogiques. Les systèmes cloud offrent des outils collaboratifs, des laboratoires virtuels et des salles de classe internationales où étudiants de première année et enseignants d'horizons divers interagissent en toute fluidité. La démocratisation de l'accès à de puissantes ressources informatiques via le cloud accélère l'innovation et l'inclusion.

De plus, la robotique et l'IA intégrée commencent à trouver leur place dans l'enseignement. Les robots sociaux peuvent jouer un rôle de tuteur, d'assistant pédagogique ou de compagnon, notamment dans l'éducation préscolaire ou dans des contextes éducatifs spécifiques. Ces robots peuvent interagir avec les élèves de première année par le biais de dialogues interactifs, d'activités physiques et d'un soutien émotionnel, contribuant ainsi à un apprentissage personnalisé et socialement enrichissant.

Enfin, l'intégration de données massives et d'analyses prédictives permet aux établissements d'enseignement d'anticiper les évolutions, notamment les risques d'abandon scolaire, la demande d'orientation et l'alignement du personnel. En exploitant des ensembles de données performants, les établissements peuvent optimiser l'allocation des ressources, la conception des programmes et les choix politiques afin de mieux servir leurs communautés.

Malgré les promesses de ces technologies émergentes, des défis subsistent. Des questions telles que l'équité virtuelle, la confidentialité, l'utilisation éthique des données et le besoin de formation des enseignants doivent être abordées afin que la transformation technologique se traduise par des résultats pédagogiques significatifs. De plus, les équipements technologiques doivent être conçus dans un souci d'inclusion et de sensibilité culturelle, évitant ainsi la reproduction des préjugés ou obstacles actuels.

Les technologies émergentes – de la réalité étendue à l'IA, en passant par la blockchain, l'IoT et la robotique – transforment en profondeur le paysage éducatif. Elles repoussent les limites du lieu, de la manière et du contenu des études des élèves, favorisant des environnements immersifs, personnalisés, collaboratifs et accessibles. En intégrant judicieusement ces avancées à des pratiques pédagogiques de qualité et à des cadres éthiques, les enseignants et les décideurs politiques peuvent exploiter leur potentiel transformateur pour bâtir un avenir éducatif qui permette à chaque apprenant de s'épanouir dans un monde de plus en plus complexe.

CHAPITRE 7

L'IA dans l'éducation et ses impacts économiques

7.1 Implications économiques de l'IA dans l'éducation

L'intelligence artificielle joue un rôle essentiel dans l'amélioration de l'efficacité dans le secteur de l'éducation. Cette croissance se manifeste par la capacité des enseignants et des étudiants à utiliser plus efficacement leur temps et leurs ressources, ce qui entraîne une réduction des coûts dans les structures éducatives. Les technologies d'IA fournissent des systèmes informatisés qui allègent la charge de travail des enseignants. Par exemple, l'IA peut accomplir rapidement et efficacement les tâches de gestion du temps, telles que les contrôles et les rapports des étudiants. Cela permet aux enseignants de consacrer plus de temps à l'apprentissage immédiat des étudiants.

De plus, les structures d'IA qui optimisent et analysent les performances globales des élèves pourraient rendre le processus d'apprentissage plus écologique à tous les niveaux. L'identification des faiblesses des élèves et l'élaboration de plans d'apprentissage personnalisés permettent d'adapter le contenu pédagogique et d'améliorer les performances générales. Un retour d'information plus rapide enrichit l'expérience d'apprentissage des élèves, ce qui conduit à de meilleurs résultats généraux dans le processus pédagogique.

Les systèmes basés sur l'IA réduisent considérablement les besoins en ressources humaines, ce qui pourrait diminuer les coûts de formation des établissements d'enseignement. Par exemple, la participation des étudiants à des publications en ligne basées sur l'IA peut réduire le besoin d'augmenter le nombre d'enseignants. L'IA, grâce à ses analyses statistiques approfondies et à ses systèmes de gestion de l'apprentissage (LMS), offre des solutions évolutives aux établissements d'enseignement à des coûts réduits.

De plus, les systèmes d'apprentissage automatisés basés sur l'IA permettent aux étudiants de progresser à leur rythme. Ils bénéficient ainsi d'un enseignement individualisé sans que les enseignants aient à consacrer plus de temps à chaque élève. Les établissements d'enseignement peuvent ainsi réduire leurs coûts standard tout en proposant une formation de qualité à un prix plus avantageux.

Une autre implication financière réside dans les économies de coûts visibles grâce à l'adoption massive des plateformes d'enseignement en ligne. Le passage à l'enseignement numérique, notamment après la pandémie, a réduit la dépendance aux salles de classe physiques et a fait baisser les coûts liés à l'éducation. Les structures assistées par l'IA offrent aux étudiants la possibilité d'apprendre partout et à tout moment, supprimant ainsi les barrières géographiques et réduisant les coûts de scolarité.

L'utilisation généralisée de l'IA dans l'éducation nécessite également des investissements importants dans les infrastructures technologiques. Les structures éducatives ont donc besoin d'un soutien financier important pour mettre en œuvre efficacement l'IA. Le développement de l'IA et la mise en place d'applications d'apprentissage personnalisées nécessitent des investissements en logiciels et en matériel. Les établissements d'enseignement doivent stabiliser leurs ressources financières et établir des plans financiers prudents pour gérer ces investissements.

L'éducation entièrement basée sur l'IA offre une opportunité majeure de réduire les disparités éducatives, notamment dans les pays en développement. Cependant, pour saisir ces opportunités, des investissements technologiques importants sont nécessaires. Dans les pays développés, le financement d'infrastructures technologiques peut réduire les inégalités en matière d'éducation, en offrant aux élèves un plus large éventail d'opportunités éducatives et en les préparant à l'avenir.

L'un des effets financiers les plus importants de l'IA dans l'éducation est la transformation du marché du travail. Les avancées technologiques automatiseront des tâches importantes tout en créant de nouvelles opportunités professionnelles. Le secteur de l'éducation ne fera pas exception. Par exemple, la demande de spécialistes en programmation IA, en analyse de données et en apprentissage automatique pourrait augmenter.

Par ailleurs, le rôle des enseignants évoluera. Les modèles d'enseignement traditionnels, basés sur des cours magistraux, ouvriront la voie à des méthodes d'enseignement plus interactives et personnalisées. Les enseignants analyseront les données fournies par les structures d'IA afin de développer des stratégies permettant aux étudiants d'étudier plus efficacement. Cette évolution modifiera les profils professionnels des enseignants et créera un besoin de professionnels de l'enseignement dotés de nouveaux outils.

En conclusion, l'impact financier de l'intelligence artificielle sur l'éducation entraîne une transformation profonde du secteur de l'éducation et de l'économie dans son ensemble. La capacité de l'IA à créer des systèmes éducatifs plus efficaces, plus rentables et plus accessibles s'accompagne également de nouvelles dynamiques économiques et de nouveaux besoins en main-d'œuvre. S'adapter à ces changements est essentiel pour l'avenir de l'éducation et de la société.

7.2 Enseignement et main-d'œuvre assistés par l'IA

L'enseignement assisté par l'IA transforme rapidement le paysage éducatif, et son impact dépasse largement les salles de classe. Il influence les compétences acquises par les élèves et les rôles des enseignants et des administrateurs. À mesure que l'IA s'intègre davantage à l'éducation, elle façonne instantanément le personnel en transformant la manière dont les individus apprennent et travaillent.

Les systèmes éducatifs basés sur l'IA peuvent fournir des données d'apprentissage personnalisées permettant aux étudiants de se concentrer sur les compétences spécifiques qu'ils souhaitent développer. Grâce à des systèmes d'IA analysant le comportement des étudiants, l'analyse des tendances et leurs performances globales, les enseignants peuvent mieux identifier les besoins de chaque élève et leur fournir des ressources ciblées. Ce niveau d'attention individualisée permet aux étudiants de développer des compétences dans des domaines spécifiques, notamment la résolution de problèmes, l'analyse de données et la réflexion critique, des compétences essentielles pour les futurs employés.

De leur côté, les structures éducatives soutenues par l'IA garantissent aux étudiants une meilleure préparation aux exigences d'un marché du travail en constante évolution. À mesure que les industries deviennent de plus en plus dépendantes des technologies, la demande de travailleurs possédant de solides bases en sciences, technologie, ingénierie et mathématiques (STIM), ainsi que la capacité à travailler avec les technologies de l'IA, ne cessera de croître. La capacité de l'IA à faciliter un apprentissage personnalisé et axé sur les compétences joue un rôle essentiel dans le développement de ces futurs professionnels.

Si l'IA offre de nombreux avantages pour améliorer l'apprentissage des étudiants, elle soulève également des questions importantes concernant le rôle des enseignants et leur relation avec la technologie. Plutôt que de transformer les enseignants, l'IA est conçue pour les aider, en transformant leur approche pédagogique et leurs tâches.

Dans les modèles académiques traditionnels, les enseignants sont généralement chargés de donner des cours, de corriger les devoirs et d'assurer un suivi personnalisé aux étudiants. L'IA peut automatiser nombre de ces fonctions, notamment la correction, la planification et les tâches administratives, ce qui libère du temps pour les enseignants et leur permet de se concentrer davantage sur les aspects humains de l'enseignement, comme le mentorat et le soutien émotionnel. Cette évolution permet aux enseignants d'utiliser leurs connaissances de manière innovante, favorisant ainsi des interactions plus significatives avec les étudiants tout en améliorant l'efficacité de l'enseignement.

Cependant, l'intégration croissante de l'IA exige également des enseignants qu'ils développent de nouvelles compétences et s'adaptent aux avancées technologiques. Les enseignants doivent maîtriser l'utilisation des outils d'IA, savoir les intégrer à leurs pratiques de formation et interpréter les données générées par ces structures. L'avenir de la formation passera probablement par un modèle plus collaboratif, où les enseignants travailleront en tandem avec les systèmes d'IA pour enrichir l'expérience d'apprentissage. Par conséquent, cette évolution des rôles offre aux enseignants à la fois des défis et des opportunités de redéfinir leur identité professionnelle.

Le coaching assisté par l'IA joue un rôle essentiel dans la formation et le perfectionnement des équipes. Face à l'évolution technologique rapide des industries, les employés doivent continuellement mettre à jour leurs compétences pour être compétitifs. Les systèmes d'IA sont de plus en plus utilisés pour faciliter l'apprentissage tout au long de la vie, en offrant aux individus un accès à des programmes de formation personnalisés, adaptés à leurs besoins et à leurs aspirations professionnelles.

Par exemple, les plateformes d'IA peuvent analyser les compétences de pointe d'un employé et proposer des parcours de formation sur mesure pour l'aider à acquérir de nouvelles compétences ou à progresser dans sa carrière. Ces structures peuvent également adapter les programmes de formation en fonction du développement de l'apprenant, garantissant ainsi que chacun relève les défis appropriés et atteigne ses objectifs. Cette approche personnalisée et flexible de la formation garantit que les employés sont prêts à évoluer dans un marché du travail en constante évolution, qu'il s'agisse d'adopter de nouvelles technologies, de développer des compétences en leadership ou d'acquérir des compétences en résolution de problèmes complexes.

L'IA aide également les agences à améliorer leurs équipes en leur fournissant des informations basées sur les données concernant la performance globale des employés. En suivant les progrès et en identifiant les lacunes technologiques, l'IA permet aux agences de prendre des décisions éclairées en matière d'investissements dans la formation, garantissant ainsi une allocation efficace des ressources pour soutenir la croissance des individus et de l'organisation.

Malgré les nombreux avantages qu'offre l'IA pour transformer l'éducation et le personnel, elle présente également des défis. L'un des principaux problèmes réside dans le déplacement des capacités de certains postes, notamment ceux impliquant des tâches répétitives qui peuvent être automatisées grâce à l'IA. Par exemple, les tâches administratives dans le milieu scolaire, comme la planification et la notation, peuvent être entièrement automatisées, réduisant ainsi la demande pour certains postes de personnel auxiliaire.

Outre le déplacement des processus, la confidentialité et la sécurité des informations dans les environnements académiques utilisant l'IA suscitent des inquiétudes. Les structures d'IA collectent des quantités considérables de données sur les habitudes d'apprentissage et les performances globales des étudiants, ce qui soulève des questions sur le contrôle de ces données et sur les personnes autorisées à y accéder. Les établissements d'enseignement, les enseignants et les étudiants doivent être conscients de ces risques et prendre des mesures pour garantir la protection des informations personnelles contre tout accès non autorisé.

Un autre défi réside dans la capacité à combler le déficit de compétences. À mesure que l'IA se perfectionnera, le besoin de travailleurs possédant des connaissances spécialisées dans des domaines tels que le développement de l'IA, la science des données et l'apprentissage automatique se fera plus pressant. Cependant, l'accès à la formation dans ces régions peut être inégal pour tous. Cela peut engendrer des disparités au sein de la main-d'œuvre, certains employés accédant à une position concurrentielle tandis que d'autres sont laissés pour compte. Pour relever ce défi, les systèmes éducatifs et les employeurs doivent prioriser l'accès équitable à la formation et aux ressources liées à l'IA afin de garantir à chacun la possibilité de s'épanouir dans un marché du travail en constante évolution.

L'enseignement assisté par l'IA transforme l'éducation et le monde du travail en permettant des rapports d'apprentissage personnalisés et en améliorant l'efficacité de la formation. S'il offre de grands avantages pour préparer les étudiants au marché du travail, il présente également des défis, notamment en matière de déplacements de personnel, de sécurité des données et d'accès à l'enseignement spécialisé. L'avenir de l'éducation et du travail dépendra de la capacité de la société à s'adapter à ces changements, en intégrant l'IA à la formation tout en garantissant que les employés restent agiles, professionnels et prêts à répondre aux exigences de l'économie numérique.

7.3 Investissement dans l'éducation et l'infrastructure technologique

La demande croissante d'intégration de l'IA dans l'éducation s'accompagne d'un besoin croissant d'investissements importants dans les infrastructures technologiques. Pour créer un environnement où l'IA puisse véritablement transformer l'éducation, les établissements d'enseignement, les gouvernements et le secteur privé doivent s'engager à développer les bases technologiques nécessaires. Cette infrastructure comprend l'accès internet haut débit, le cloud computing, les solutions de stockage de données et les plateformes logicielles d'IA.

Le défi consiste à garantir que ces technologies soient non seulement disponibles, mais aussi accessibles à tous les étudiants, indépendamment de leur situation géographique ou de leur situation économique. Investir dans les infrastructures technologiques permettra de combler la fracture numérique, permettant ainsi aux communautés et aux établissements les moins bien desservis de bénéficier des avancées de l'IA. Cela nécessitera une stratégie visant à rendre les technologies éducatives plus abordables et évolutives, tout en continuant d'innover dans le développement logiciel et la conception matérielle.

De plus, les établissements d'enseignement doivent être prêts à mettre à jour constamment leurs ressources technologiques. Les technologies de l'IA évoluent rapidement et, pour rester compétitifs, les systèmes éducatifs doivent garder une longueur d'avance en investissant continuellement dans les outils et logiciels les plus récents, capables d'offrir des expériences d'apprentissage efficaces et personnalisées.

Si l'infrastructure technologique est essentielle, le financement des programmes éducatifs axés sur l'IA joue également un rôle essentiel pour favoriser l'innovation dans ce domaine. Les gouvernements, les entreprises privées et les organisations philanthropiques doivent investir dans la recherche et le développement (R&D) afin de créer des modèles d'IA spécifiquement conçus à des fins éducatives. Cet investissement garantit le développement d'outils répondant aux divers besoins des apprenants et des enseignants.

De plus, des financements sont nécessaires pour des programmes pilotes testant les technologies d'IA en contexte éducatif réel. Ces programmes peuvent servir de banc d'essai pour évaluer l'impact potentiel de l'IA, aidant les enseignants et les décideurs politiques à comprendre ce qui fonctionne, ce qui ne fonctionne pas et les domaines dans lesquels des innovations supplémentaires sont nécessaires. En investissant dans ces programmes, les parties prenantes peuvent contribuer à ouvrir la voie à une adoption généralisée de l'IA dans l'éducation.

Il est également important d'allouer des fonds à la formation des enseignants et des administrateurs à l'utilisation efficace des technologies d'IA. Cela nécessite d'investir dans le développement professionnel et les possibilités de formation continue qui dotent les enseignants des compétences nécessaires pour évoluer dans le paysage évolutif de l'enseignement assisté par l'IA. Les programmes de formation garantiront que les enseignants ne soient pas seulement des utilisateurs des technologies, mais des participants actifs au développement et à l'intégration des outils d'IA dans les programmes scolaires.

La construction d'une infrastructure technologique robuste pour l'IA dans l'éducation ne peut reposer uniquement sur les secteurs public et privé. La collaboration entre les deux est essentielle pour garantir des progrès durables. Les partenariats public-privé peuvent permettre aux établissements de tirer parti de l'expertise, du financement et de l'innovation au bénéfice de toutes les parties prenantes.

Les gouvernements peuvent financer des projets d'infrastructures technologiques à grande échelle et des initiatives politiques favorisant l'intégration de l'IA dans les systèmes éducatifs. De leur côté, les entreprises du secteur privé, notamment les entreprises technologiques, apportent le savoir-faire technique et les solutions d'IA de pointe nécessaires à la mise en œuvre. Par exemple, des partenariats avec de grandes entreprises technologiques peuvent permettre aux établissements d'enseignement d'accéder à des outils d'IA, tels que des systèmes de gestion de l'apprentissage (SGA), dont l'efficacité a déjà été prouvée.

De plus, ces collaborations peuvent répondre à des enjeux importants comme l'accès aux technologies dans les régions en développement. Les entreprises du secteur privé peuvent soutenir des initiatives qui fournissent aux écoles des zones mal desservies le matériel, les logiciels et la formation nécessaires, garantissant ainsi l'accès aux technologies d'IA pour tous les élèves et enseignants, quel que soit leur milieu socio-économique.

Si des investissements immédiats sont essentiels pour intégrer l'IA dans l'éducation, la pérennité à long terme est tout aussi cruciale. La rapidité des évolutions technologiques signifie que les investissements réalisés aujourd'hui pourraient devenir obsolètes d'ici quelques années, à moins d'investir continuellement pour maintenir les systèmes à jour et pertinents.

Pour assurer leur pérennité, les établissements d'enseignement doivent élaborer une stratégie à long terme qui tienne compte de l'évolution future des technologies d'IA. Cela implique de prévoir des fonds pour des mises à niveau régulières des systèmes, d'adopter un modèle d'amélioration continue et de favoriser un environnement propice à l'innovation et à l'adaptation. Les systèmes éducatifs doivent également prendre en compte le coût total de possession des technologies d'IA, qui comprend la maintenance, les mises à jour et l'intégration de nouvelles fonctionnalités au fil du temps.

Par ailleurs, il est nécessaire d'investir en permanence dans la sécurité des données et la protection de la vie privée au sein de l'infrastructure technologique. Avec l'utilisation croissante des systèmes d'IA qui collectent et analysent les données des étudiants, garantir la sécurité et la confidentialité de ces informations est primordial. Les établissements doivent investir dans des mesures de cybersécurité robustes, des technologies de chiffrement et le respect des lois sur la protection des données afin de se prémunir contre les violations de données et les accès non autorisés.

Investir dans les technologies et les infrastructures éducatives est essentiel pour exploiter pleinement le potentiel de l'IA dans l'éducation. Les gouvernements, les entreprises privées et les établissements d'enseignement doivent collaborer pour construire et entretenir l'infrastructure technologique nécessaire à l'apprentissage par l'IA. Cela implique de financer la recherche et le développement en IA, de soutenir la formation des enseignants et d'assurer la pérennité de l'écosystème. Grâce à ces investissements, les acteurs peuvent créer un écosystème éducatif non seulement plus performant, mais aussi plus inclusif et accessible, contribuant ainsi à préparer les étudiants aux défis du marché du travail de demain.

7.4. Modèles de financement pour l'intégration de l'IA dans l'éducation

L'intégration de l'intelligence artificielle (IA) dans la formation est porteuse de promesses transformatrices, permettant un apprentissage personnalisé, une gestion efficace et une accessibilité accrue. Cependant, le déploiement à grande échelle de l'IA nécessite un financement conséquent et durable. La mobilisation et la gestion de ces ressources financières constituent une mission complexe, liée à la diversité des acteurs, aux priorités concurrentes et aux capacités variables selon les domaines et les institutions.

Historiquement, les investissements dans la formation provenaient principalement des budgets publics, complétés par des contributions privées, des subventions philanthropiques et des frais de scolarité. L'introduction de l'IA instaure de nouveaux systèmes de tarification, incluant des frais d'infrastructure matérielle, de licences logicielles, de contrôle des données, de formation du personnel et de maintenance continue. Ces coûts peuvent s'avérer prohibitifs, notamment pour les établissements scolaires sous-financés et les pays en développement, ce qui nécessite des mécanismes de financement diversifiés et flexibles.

Un modèle reconnu est le financement piloté par les autorités, où les autorités nationales ou locales allouent des budgets dédiés à la promotion de l'adoption de l'IA dans les systèmes d'éducation publique. Les gouvernements peuvent également mettre en place des budgets d'innovation, des programmes pilotes ou des stratégies nationales d'IA donnant la priorité à l'éducation. Cette approche centralisée permet un déploiement coordonné, une standardisation et une répartition équitable des ressources. De plus, le financement public témoigne souvent d'un engagement politique et encourage la participation du secteur privé. Cependant, les contraintes bureaucratiques, les priorités concurrentes et les limites budgétaires peuvent ralentir la mise en œuvre et limiter la réactivité aux besoins locaux.

Les partenariats public-privé (PPP) se sont imposés comme un puissant moteur d'investissement dans l'IA pour l'éducation. Dans le cadre de ces accords, les gouvernements collaborent avec des entreprises technologiques, des startups et des organisations philanthropiques pour co-développer et financer des projets d'IA. Ces partenariats s'appuient sur les technologies du territoire, la capacité d'innovation et les ressources financières, tout en s'alignant sur les besoins de l'éducation publique. Par exemple, les entreprises technologiques peuvent proposer des systèmes d'IA à des tarifs réduits ou sous forme de manuels, tandis que les gouvernements apportent les infrastructures et les cadres réglementaires. Les PPP peuvent favoriser l'intégration de l'IA, mais nécessitent des structures de gouvernance transparentes pour concilier les objectifs de rentabilité avec l'équité et l'éthique éducatives.

Une autre voie en développement est l'investissement philanthropique et à but non lucratif, où des fondations et des entreprises internationales investissent dans des projets d'IA visant à améliorer l'accès à l'éducation et l'excellence à l'échelle mondiale. Les subventions d'organismes tels que la Fondation Gates, l'UNESCO et la Banque mondiale ciblent souvent les populations mal desservies, soutenant des programmes pilotes, le renforcement des capacités et la recherche. Ces financements peuvent catalyser l'innovation et mettre en avant des pratiques de pointe évolutives, mais sont généralement limités dans le temps et dépendent de l'évolution des priorités des donateurs.

Les modèles d'abonnement et de licence constituent l'approche commerciale du financement des outils d'IA dans l'éducation. Les établissements d'enseignement ou les novices paient pour accéder à des structures, logiciels ou services basés sur l'IA, souvent au cas par cas ou par établissement. Si ce modèle favorise le développement et la maintenance continus des logiciels, il ne concerne que les établissements à faibles revenus ou les étudiants qui n'ont pas les moyens de payer les frais, ce qui risque d'aggraver les inégalités éducatives. Pour atténuer ce problème, des tarifs différenciés, des modèles freemium ou des subventions institutionnelles peuvent être mis en place.

Les nouvelles tendances explorent également le financement participatif et le financement en réseau, où les enseignants, les parents et les acteurs locaux contribuent financièrement à l' adoption de l'IA dans leurs établissements. Bien que généralement modestes, ces initiatives locales peuvent favoriser l'appropriation par les réseaux et garantir que les outils d'IA soient en parfaite adéquation avec les priorités éducatives locales.

L'essor des investissements axés sur les résultats, ou investissements d'impact, introduit des mécanismes de financement liés à la performance. Dans ce modèle, les acheteurs fournissent un capital initial pour les tâches académiques d'IA, dont le rendement est conditionné à l'atteinte de résultats académiques prédéfinis, tels que l'amélioration des taux d'alphabétisation ou l'engagement des élèves. Cette approche aligne les incitations sur l'efficacité et l'innovation, mais nécessite des indicateurs robustes et des cadres d'évaluation clairs.

Pour maintenir les investissements au fil des ans, il est essentiel d'investir dans le renforcement des capacités et l'éducation. Doter les enseignants et les directeurs d'établissements de compétences techniques et de compétences en IA garantit que les atouts économiques se traduisent par une mise en œuvre efficace. Les gouvernements et les bailleurs de fonds sont de plus en plus nombreux à comprendre que l'investissement dans le capital humain est aussi essentiel que l'acquisition de matériel de production.

De plus, les modèles de développement open source et collaboratifs peuvent réduire les coûts et améliorer l'accessibilité. En mutualisant ressources et informations, les établissements d'enseignement et les développeurs créent des outils d'IA librement disponibles, personnalisables et adaptables à divers contextes. Le financement de ces projets repose souvent sur des modèles mixtes, tels que des dons, des dons et des contributions institutionnelles.

Enfin, une intégration équitable de l'IA nécessite des investissements ciblés pour combler les fractures numériques. Les investissements dans les infrastructures, l'accès au haut débit et la fourniture d'outils sont des conditions préalables à l'adoption de l'IA, principalement dans les communautés rurales ou marginalisées. Sans un tel encadrement fondamental, les bénéfices de l'IA risquent de se concentrer sur les groupes déjà favorisés.

Un investissement efficace pour l'intégration de l'IA dans l'éducation nécessite une approche multidimensionnelle qui concilie engagement public, innovation personnelle, générosité philanthropique et engagement en réseau. Une gouvernance transparente, une allocation ciblée et équitable et une évaluation continue sont essentielles pour maximiser l'impact des investissements financiers. En adoptant des modèles de financement diversifiés et durables, les parties prenantes peuvent s'assurer que l'IA contribue significativement à une éducation inclusive et de qualité pour tous.

CHAPITRE 8

L'éducation basée sur l'IA dans le futur

8.1 L'avenir des technologies éducatives intelligentes

L'avenir des technologies éducatives intelligentes repose sur le développement et l'intégration continus de systèmes basés sur l'IA, capables de personnaliser l'apprentissage et de s'adapter aux besoins de chaque élève. Ces systèmes devraient évoluer vers des outils plus sophistiqués et intuitifs, capables de fournir un feedback en temps réel, d'évaluer les performances des élèves et de recommander des parcours d'apprentissage sur mesure. À mesure que l'IA progressera, les systèmes d'apprentissage intelligents seront capables d'analyser un plus large éventail de données, des capacités cognitives aux réponses émotionnelles, afin d'optimiser l'expérience d'apprentissage de chaque élève.

Dans les années à venir, nous pouvons nous attendre à un recours accru aux algorithmes d'apprentissage profond, capables d'affiner continuellement les contenus et les stratégies pédagogiques. Ces systèmes dépasseront les parcours pédagogiques statiques et prédéfinis et proposeront des expériences d'apprentissage dynamiques qui s'ajusteront en temps réel aux progrès, aux centres d'intérêt et même aux difficultés de l'apprenant. Les élèves pourront ainsi s'approprier les ressources pédagogiques d'une manière plus adaptée à leurs styles d'apprentissage personnels, améliorant ainsi leur mémorisation et leur compréhension.

Les technologies éducatives intelligentes intégreront de plus en plus la réalité augmentée (RA) et la réalité virtuelle (RV) pour créer des expériences d'apprentissage immersives. Ces technologies ont le potentiel de transporter les élèves dans des environnements virtuels où ils pourront interagir avec le contenu bien au-delà des salles de classe traditionnelles. Par exemple, les élèves pourront explorer des civilisations anciennes, réaliser des expériences scientifiques complexes ou pratiquer des procédures médicales dans des espaces virtuels simulant des scénarios réels.

À l'avenir, la réalité augmentée et la réalité virtuelle, alimentées par l'IA, offriront une intégration plus fluide aux programmes scolaires, offrant des possibilités d'apprentissage contextuel et expérientiel. Les enseignants pourront utiliser ces technologies pour enrichir les cours, permettant aux élèves de mieux comprendre des concepts abstraits en les visualisant en 3D. Cela permettra une expérience d'apprentissage plus approfondie et plus engageante, notamment dans les matières qui nécessitent une pratique concrète, comme l'histoire, la biologie et l'ingénierie.

À mesure que les outils d'IA se perfectionnent, l'analyse de l'apprentissage jouera un rôle essentiel dans l'avenir de l'éducation. Les outils prédictifs permettront d'évaluer les chances de réussite ou d'échec d'un élève dans un domaine spécifique et de fournir des informations exploitables aux élèves comme aux enseignants. Cela permettra une approche plus proactive de l'apprentissage, permettant d'intervenir avant que les élèves ne prennent du retard.

De plus, l'analyse de l'apprentissage basée sur l'IA permettra des mesures plus précises des résultats scolaires. Ces outils évalueront non seulement les performances scolaires, mais aussi les aspects émotionnels, sociaux et comportementaux de l'apprentissage. Grâce à ce champ d'application plus large des données, les enseignants pourront acquérir une compréhension plus globale du développement des élèves, ce qui leur permettra de prendre des décisions plus éclairées et d'élaborer des stratégies pédagogiques personnalisées.

Ces outils prédictifs permettront également d'identifier les tendances et les schémas au niveau institutionnel, offrant ainsi des informations précieuses sur l'efficacité des différentes méthodologies d'enseignement, programmes et déploiements technologiques. Les responsables pédagogiques pourront prendre des décisions fondées sur les données, améliorant ainsi l'expérience d'apprentissage de tous les étudiants et optimisant l'allocation des ressources.

Alors que l'IA continuera d'évoluer pour devenir un élément essentiel des technologies éducatives intelligentes, l'avenir de l'éducation verra probablement une collaboration plus étroite entre l'IA et les enseignants, plutôt qu'un remplacement total des enseignants par l'IA. Dans ce scénario futur, l'IA assistera les enseignants en automatisant les tâches administratives, en proposant des outils d'apprentissage personnalisés et en fournissant des informations basées sur les données, permettant ainsi aux enseignants de se concentrer davantage sur le développement de la créativité, de l'esprit critique et de l'intelligence émotionnelle de leurs élèves.

Les enseignants continueront de jouer un rôle crucial dans l'encadrement et l'accompagnement des élèves, en leur offrant un lien humain et un soutien émotionnel que l'IA ne peut reproduire. Cependant, l'IA renforcera leurs capacités en fournissant des informations en temps réel sur les progrès des élèves, en suggérant des ressources individualisées et en les aidant à identifier les domaines dans lesquels ils ont besoin d'une aide supplémentaire. Ainsi, l'IA deviendra un puissant assistant pour les enseignants, améliorant leur efficacité et leur permettant de répondre aux besoins d'apprenants divers.

L'avenir de l'IA dans l'éducation ne se limite pas à l'enseignement primaire et secondaire ou universitaire. L'IA contribuera à faciliter l'apprentissage tout au long de la vie en offrant des possibilités d'apprentissage accessibles et flexibles aux adultes à différents stades de leur carrière. Les plateformes basées sur l'IA offriront des expériences d'apprentissage personnalisées aux personnes souhaitant développer de nouvelles compétences, que ce soit pour leur évolution professionnelle ou leur enrichissement personnel.

Ces plateformes proposeront des formations à la demande adaptées à l'emploi du temps, au rythme et au style d'apprentissage privilégiés de chacun. Des systèmes d'IA suivront et suivront également les progrès, garantissant ainsi que les apprenants restent sur la bonne voie pour atteindre leurs objectifs. Grâce à l'IA, les individus pourront accéder à des parcours de formation personnalisés, adaptés à leurs besoins spécifiques, qu'il s'agisse de se reconvertir pour un nouvel emploi, de s'adonner à un hobby ou de se tenir au courant des dernières tendances du secteur.

L'évolution constante des technologies éducatives intelligentes engendrera de nouveaux défis et considérations éthiques. L'une des principales préoccupations est de garantir que ces technologies soient accessibles à tous les élèves, quels que soient leur statut socio-économique ou leur situation géographique. Des efforts doivent être déployés pour garantir que les outils éducatifs basés sur l'IA soient non seulement disponibles, mais aussi abordables, afin que les élèves des communautés défavorisées puissent bénéficier des mêmes opportunités que ceux des quartiers plus favorisés.

Par ailleurs, la confidentialité et la sécurité des données resteront des préoccupations majeures, car les systèmes d'IA collectent et analysent d'importantes quantités de données sur les élèves. Les établissements scolaires, les gouvernements et les entreprises technologiques devront collaborer pour établir des réglementations et des pratiques exemplaires qui protègent les informations des élèves tout en permettant aux systèmes d'IA de fonctionner efficacement. Cela implique de garantir la transparence de l' utilisation des données des élèves et de fournir des directives claires pour l'accès et le partage des données.

L'avenir des technologies éducatives intelligentes promet de révolutionner nos façons d'apprendre et d'enseigner. Les systèmes basés sur l'IA créeront des expériences d'apprentissage plus personnalisées, adaptatives et immersives, stimulant les élèves d'une manière que les méthodes d'enseignement traditionnelles ne peuvent pas offrir. En intégrant des technologies telles que la réalité augmentée, la réalité virtuelle et l'analyse avancée de l'apprentissage, les enseignants disposeront des outils nécessaires pour répondre aux divers besoins de leurs élèves et les préparer à la réussite dans un monde de plus en plus complexe et en constante évolution. Cependant, à mesure que nous progressons, il est essentiel de relever les défis éthiques et d'accessibilité liés à ces innovations, afin de garantir que l'IA dans l'éducation bénéficie à tous les apprenants de manière égale.

8.2 Modèles innovants en éducation avec l'IA

L'une des applications les plus innovantes de l'IA dans l'éducation est le développement de systèmes d'apprentissage adaptatif. Ces systèmes utilisent des algorithmes d'IA pour suivre en continu les performances des élèves et adapter le contenu pédagogique à leurs besoins évolutifs. Contrairement aux modèles éducatifs traditionnels, les systèmes d'apprentissage adaptatif offrent des expériences d'apprentissage personnalisées, adaptant le rythme, la difficulté et le style du contenu pédagogique aux progrès et aux capacités de chaque élève.

À mesure que les technologies d'IA évoluent, les plateformes d'apprentissage adaptatif gagneront en sophistication, utilisant l'apprentissage automatique pour anticiper et corriger en temps réel les lacunes, les idées fausses et les difficultés d'apprentissage. En exploitant de vastes quantités de données, les modèles adaptatifs basés sur l'IA offriront une approche plus ciblée de l'apprentissage, garantissant que les élèves reçoivent le bon contenu au bon moment. Ce système dynamique optimisera l'efficacité et les résultats de l'apprentissage, en particulier pour les élèves qui pourraient rencontrer des difficultés en classe traditionnelle.

Par exemple, un système d'IA pourrait identifier les difficultés d'un élève à comprendre un concept mathématique spécifique et lui proposer des ressources supplémentaires, telles que des exercices pratiques, des tutoriels ou des supports visuels, pour l'aider à progresser. Le système ajusterait ensuite le plan de cours, permettant à l'élève de progresser une fois la maîtrise acquise. Cet ajustement du contenu en temps réel garantit qu'aucun élève ne prend de retard et que chaque apprenant bénéficie d'un accompagnement personnalisé, quel que soit son rythme ou son style d'apprentissage.

Un autre modèle innovant en éducation est l'intégration de l'IA à l'apprentissage par projets (APP). Dans les contextes éducatifs traditionnels, l'APP encourage les élèves à s'engager dans des projets collaboratifs concrets afin de développer leur esprit critique, leur capacité à résoudre des problèmes et leur esprit d'équipe. L'IA peut considérablement améliorer l'APP en fournissant un retour d'information et un soutien en temps réel, aidant ainsi les élèves à gérer des projets complexes avec plus d'efficacité.

Les outils d'IA facilitent la collaboration en analysant la dynamique d'équipe, en identifiant les forces et les faiblesses, et en proposant des suggestions personnalisées pour les tâches de groupe. De plus, l'IA peut aider les étudiants à gérer et à suivre leurs projets en recommandant des ressources, en organisant des échéanciers et en anticipant les obstacles potentiels grâce aux données antérieures. Pendant que les étudiants travaillent sur leurs projets, l'IA peut suivre leur progression et leur fournir un feedback adaptatif pour les guider dans la résolution des problèmes, améliorant ainsi leur autonomie et leur créativité.

De plus, l'IA peut contribuer à combler le fossé entre connaissances théoriques et applications pratiques en proposant des simulations et des environnements virtuels où les étudiants peuvent tester leurs idées et apprendre par l'expérimentation. Par exemple, un étudiant travaillant sur un projet d'ingénierie pourrait utiliser des outils d'IA pour simuler des conditions réelles et tester la viabilité de sa conception, ce qui lui permettrait d'approfondir sa compréhension de la faisabilité du projet avant sa mise en œuvre. En intégrant l'IA à l'apprentissage par projet, les étudiants peuvent vivre des expériences d'apprentissage concrètes et enrichissantes, reflétant la complexité du monde réel.

L'IA peut également jouer un rôle transformateur dans la ludification, une méthode de plus en plus populaire pour impliquer les élèves dans un apprentissage actif. En intégrant des éléments ludiques à l'enseignement, tels que la notation, les récompenses et les défis, l'IA peut rendre l'apprentissage plus interactif et plus agréable. Les jeux éducatifs basés sur l'IA peuvent évaluer les progrès des élèves et adapter les défis en conséquence, garantissant ainsi des défis appropriés tout en évitant la frustration liée à des tâches trop difficiles.

Les expériences d'apprentissage ludiques optimisées par l'IA peuvent être particulièrement bénéfiques dans des matières comme les mathématiques, l'apprentissage des langues et les STEM, où les élèves bénéficient souvent de la résolution interactive de problèmes. L'IA peut ajuster le niveau de difficulté des défis en fonction des performances en temps réel, rendant ainsi l'apprentissage plus dynamique et stimulant. À mesure que les élèves progressent dans le jeu, ils peuvent gagner des récompenses, débloquer de nouveaux niveaux et recevoir un retour immédiat sur leurs progrès, ce qui les motive à poursuivre leur apprentissage et à s'améliorer.

De plus, les jeux basés sur l'IA peuvent fournir un retour instantané sur les erreurs, aidant ainsi les élèves à comprendre leurs erreurs et proposant des suggestions d'amélioration. Cette correction immédiate permet aux apprenants d'assimiler rapidement les concepts difficiles et d'éviter le renforcement des méthodes incorrectes. En intégrant l'IA à la ludification, les enseignants peuvent créer des environnements d'apprentissage stimulants et efficaces, adaptés à divers styles d'apprentissage et renforçant la motivation des élèves.

Les modèles d'apprentissage collaboratif, qui privilégient la collaboration entre les élèves pour résoudre des problèmes et partager leurs connaissances, peuvent être grandement améliorés par les technologies d'IA. L'IA peut faciliter la collaboration en connectant les élèves avec des pairs partageant les mêmes centres d'intérêt, styles d'apprentissage ou points forts, créant ainsi un réseau d'apprenants qui peuvent s'entraider. Les systèmes d'IA peuvent également surveiller les interactions de groupe, évaluer les contributions et fournir un retour sur la dynamique d'équipe, garantissant ainsi l'engagement actif et l'apprentissage efficace de chaque élève.

De plus, l'IA peut favoriser le feedback entre pairs en analysant le travail des étudiants et en proposant des suggestions d'amélioration. Par exemple, un système d'IA pourrait évaluer la dissertation d'un étudiant et mettre en évidence les points à améliorer, comme la grammaire, la structure ou l'argumentation, avant que l'étudiant ne la partage avec ses pairs. Cela permet aux étudiants de se concentrer sur la fourniture de commentaires constructifs et de qualité plutôt que de perdre du temps sur des problèmes mineurs facilement corrigés par l'IA. En retour, les étudiants peuvent affiner leur travail, intégrer les suggestions de leurs pairs et améliorer leur expérience d'apprentissage globale.

De plus, les plateformes d'IA permettent une collaboration asynchrone, permettant aux étudiants de différents lieux et fuseaux horaires de collaborer sur des projets, de partager des ressources et de donner leur avis sans contraintes géographiques ou temporelles. Cela favorise une communauté d'apprentissage mondiale, propice à la compréhension interculturelle et à l'échange d'idées, préparant ainsi les étudiants à la mondialisation.

Avec les progrès de l'IA, nous pourrions assister au développement d'environnements d'apprentissage entièrement autonomes, où les élèves pourraient apprendre de manière autonome avec une intervention minimale des enseignants. Ces environnements utiliseraient l'IA pour guider les élèves tout au long de leur apprentissage, en leur proposant des ressources, des évaluations et des retours personnalisés, sans intervention constante de l'enseignant.

Dans un environnement d'apprentissage autonome, l'IA gérerait le rythme, la structure et la diffusion du contenu, s'adaptant en temps réel aux besoins individuels de chaque élève. Les élèves pourraient suivre des leçons interactives, participer à des classes virtuelles et recevoir des recommandations personnalisées pour la poursuite de leur apprentissage. L'IA suivrait également en continu les progrès des élèves, garantissant ainsi leur maintien sur la bonne voie pour atteindre leurs objectifs d'apprentissage.

Si les environnements d'apprentissage autonomes pourraient offrir une flexibilité sans précédent, leur mise en œuvre nécessiterait une attention particulière pour éviter que les élèves ne soient laissés pour compte ou isolés. L'IA devrait être conçue pour offrir un soutien émotionnel et social, favorisant un sentiment de connexion et d'engagement malgré l'absence d'un environnement de classe traditionnel. De plus, les élèves bénéficieraient toujours d'interactions humaines régulières, que ce soit par le biais de mentorat, de projets collaboratifs ou de séances en face à face occasionnelles, garantissant ainsi une approche équilibrée de l'apprentissage.

Les modèles éducatifs innovants propulsés par l'IA ont le potentiel de transformer profondément l'expérience d'apprentissage. Des systèmes d'apprentissage adaptatif qui personnalisent le contenu à l'apprentissage par projet, en passant par la ludification et les modèles collaboratifs, l'IA peut créer des expériences éducatives plus engageantes, plus efficaces et plus performantes. Ces technologies soutiennent non seulement les apprenants individuels, mais favorisent également la collaboration et l'apprentissage entre pairs, préparant ainsi les élèves à la réussite dans un monde interconnecté et en constante évolution. Cependant, face à l'évolution de ces modèles, il est important de trouver un équilibre entre la puissance de l'IA et le besoin de connexion humaine, en veillant à ce que la technologie renforce plutôt qu'elle ne remplace les aspects humains de l'éducation.

8.3 L'IA et les enseignants humains dans l'éducation: une collaboration pour l'avenir

Malgré les progrès rapides de l'IA, le rôle des enseignants reste crucial pour façonner l'expérience éducative. L'IA peut s'avérer un outil incroyablement puissant pour soutenir et améliorer le processus d'enseignement, mais il est peu probable qu'elle remplace complètement les enseignants. L'avenir de l'éducation sera plutôt marqué par la collaboration entre les systèmes d'IA et les enseignants, chacun complétant les atouts de l'autre.

Les enseignants humains apportent en classe empathie, créativité et esprit critique, des qualités que l'IA, aussi avancée soit-elle, ne peut reproduire. Ils sont également capables de comprendre la dynamique émotionnelle et sociale des élèves, leur fournissant un accompagnement et un mentorat favorisant leur épanouissement personnel. La dimension humaine en éducation est irremplaçable pour nouer des relations, développer les compétences sociales et guider les élèves dans des discussions morales et éthiques complexes. Dans ces domaines, l'IA peut fournir des données et un soutien, mais ne peut remplacer totalement la compréhension nuancée d'un enseignant humain.

Dans une classe optimisée par l'IA, les enseignants joueront probablement un rôle plus stratégique de facilitateurs d'apprentissage, guidant les élèves à travers des parcours d'apprentissage personnalisés, interprétant les informations générées par l'IA et fournissant le soutien émotionnel et intellectuel qui favorise la motivation et la persévérance. Les enseignants exploiteront les outils d'IA pour identifier les lacunes d'apprentissage, suivre les progrès et adapter le contenu aux besoins spécifiques de chaque élève. En libérant les enseignants des tâches administratives, l'IA leur permettra de se concentrer davantage sur les aspects intellectuels et sociaux de l'enseignement.

Dans l'avenir collaboratif de l'éducation, l'IA servira également d'assistant personnel aux enseignants, leur fournissant des informations précieuses et des données en temps réel sur les progrès de leurs élèves. Les systèmes d'IA peuvent analyser de vastes volumes de données sur les élèves et générer des rapports personnalisés, mettant en évidence leurs points forts ou leurs points faibles. Les enseignants peuvent ainsi concentrer leurs efforts sur les élèves qui ont besoin d'un soutien supplémentaire, tout en reconnaissant et en célébrant les réussites individuelles.

L'IA peut également faciliter les tâches administratives telles que la notation, la planification des cours et la gestion des horaires. Par exemple, les outils d'IA peuvent noter automatiquement les QCM, les dissertations ou même les projets, ce qui permet aux enseignants de consacrer plus de temps à la qualité des cours et à l'interaction avec les élèves. Les analyses basées sur l'IA peuvent identifier les tendances des performances des élèves, permettant ainsi aux enseignants de prendre des décisions fondées sur des données pour ajuster leurs méthodes et stratégies pédagogiques.

De plus, les outils d'IA peuvent aider les enseignants à se tenir informés des dernières avancées pédagogiques en leur suggérant de nouvelles ressources, méthodes pédagogiques et outils adaptés à leur programme. Ils peuvent ainsi affiner continuellement leurs approches et garantir la meilleure expérience d'apprentissage possible à leurs élèves.

La collaboration entre l'IA et les enseignants ne sera pas sans défis. L'un des principaux enjeux sera de trouver le juste équilibre entre technologie et interaction humaine. Une dépendance excessive à l'IA en classe pourrait entraîner la perte de précieux liens humains, et les élèves pourraient passer à côté de l'apprentissage social et émotionnel que procurent les interactions avec un enseignant et leurs pairs.

Pour que l'IA complète véritablement l'enseignement humain, elle doit être utilisée de manière réfléchie et stratégique. Plutôt que de remplacer les enseignants, l'IA doit servir d'outil pour soutenir et optimiser leurs efforts. Par exemple, l'IA peut gérer des tâches répétitives comme la notation ou la rétroaction instantanée sur les devoirs, tandis que les enseignants se concentrent sur le développement de l'esprit critique, de la créativité et de la collaboration. Cela leur permet de consacrer plus de temps à l'enseignement individualisé, au mentorat et au soutien émotionnel.

De plus, la mise en œuvre de l'IA en classe doit se faire de manière à promouvoir l'inclusion et la diversité. Les outils d'IA doivent être conçus pour répondre aux besoins de tous les élèves, y compris ceux en situation de handicap, confrontés à des barrières linguistiques ou à d'autres difficultés. Les enseignants peuvent jouer un rôle essentiel pour garantir que l'IA soit utilisée au bénéfice de tous les élèves et que personne ne soit laissé pour compte.

Pour exploiter pleinement le potentiel de l'IA en classe, les enseignants doivent être correctement formés à l'intégration de ces outils dans leurs pratiques pédagogiques. Les programmes de développement professionnel seront essentiels pour doter les enseignants des connaissances et des compétences nécessaires à une utilisation efficace des systèmes d'IA. Cela comprend la compréhension des capacités et des limites de l'IA, l'interprétation des données et des informations fournies par les outils d'IA, et l'utilisation de l'IA pour personnaliser l'enseignement et créer des expériences d'apprentissage plus engageantes.

Les enseignants doivent également être formés à reconnaître quand l'IA n'est pas la solution appropriée et quand une intervention humaine est nécessaire. Si l'IA peut fournir des informations précieuses, il est important de comprendre qu'elle ne remplace pas le jugement, l'intuition et la créativité humains. Les enseignants devront développer une compréhension critique de l'IA et de ses impacts potentiels sur l'éducation, ainsi que de la manière d'utiliser ces outils de manière éthique et responsable.

Outre la formation des enseignants aux technologies de l'IA, les établissements d'enseignement devraient favoriser une culture de collaboration et d'ouverture à l'innovation. Les enseignants devraient être encouragés à expérimenter les outils d'IA et à partager leurs expériences et leurs connaissances avec leurs collègues. En créant un environnement favorable à l'intégration de l'IA, les écoles peuvent s'assurer que les enseignants se sentent habilités à explorer de nouvelles méthodes d'enseignement et d'apprentissage.

À l'avenir, la collaboration entre l'IA et les enseignants continuera d'évoluer. À mesure que les systèmes d'IA se perfectionneront, ils joueront un rôle encore plus important dans l'apprentissage personnalisé, le suivi des progrès des élèves et la fourniture de rétroactions. Cependant, le rôle de l'enseignant restera indispensable. Il restera le guide émotionnel et intellectuel qui inspire, encadre et favorise le développement social et cognitif des élèves.

L'avenir de l'éducation sera marqué par un environnement d'apprentissage plus dynamique et plus flexible, où l'IA et les enseignants collaboreront pour répondre aux divers besoins des élèves. Cette collaboration permettra des expériences d'apprentissage plus personnalisées, efficaces et stimulantes, aidant ainsi les élèves à atteindre leur plein potentiel.

À terme, le partenariat entre l'IA et les enseignants permettra une expérience éducative plus globale et inclusive, où la technologie enrichit le processus d'apprentissage, tout en plaçant le lien humain au cœur de l'éducation. En combinant le meilleur des deux mondes – les capacités de l'IA et les qualités irremplaçables de l'enseignement humain –, les enseignants pourront créer des environnements d'apprentissage permettant aux élèves de s'épanouir dans un monde de plus en plus complexe et interconnecté.

8.4. Analyse prédictive et tendances futures de l'éducation

L'analyse prédictive s'impose rapidement comme un élément clé de l'évolution de l'éducation, offrant des possibilités inédites pour anticiper les besoins des élèves, optimiser les résultats d'apprentissage et éclairer les décisions politiques. En exploitant des ensembles de données volumineux, des algorithmes de pointe et des stratégies d'apprentissage automatique, l'analyse prédictive permet aux enseignants et aux établissements de passer d'une stratégie réactive à une stratégie proactive, façonnant ainsi l'avenir des systèmes éducatifs du monde entier.

L'analyse prédictive repose essentiellement sur la collecte et l'analyse d'enregistrements historiques et en temps réel afin de prédire les événements ou les comportements futurs. Dans le domaine scolaire, cela implique d'utiliser des données telles que les registres de présence, les notes d'évaluation, les indicateurs d'engagement et les statistiques sociodémographiques pour comprendre les tendances et prédire les effets tels que les performances scolaires, le risque d'abandon scolaire ou les opportunités d'apprentissage. Ces informations permettent aux enseignants d'adapter leurs interventions, d'allouer efficacement les ressources et de concevoir des programmes scolaires mieux adaptés aux besoins des apprenants.

L'un des outils les plus efficaces de l'analyse prédictive réside dans les systèmes d'alerte précoce qui détectent les élèves à risque de retard ou d'abandon. En analysant plusieurs facteurs, comme les notes, la participation et les signes comportementaux, les modèles d'IA peuvent identifier les élèves débutants nécessitant une aide supplémentaire bien avant que les difficultés ne deviennent critiques. Cette détection précoce permet des interventions ciblées et opportunes, telles que le tutorat, l'accompagnement psychologique ou l'engagement parental, améliorant ainsi les taux de rétention et la réussite scolaire.

L'analyse prédictive permet également de personnaliser les parcours d'apprentissage. En analysant la façon dont chaque élève réagit aux stratégies et contenus pédagogiques, les systèmes d'IA peuvent prévoir les séquences et modalités d'apprentissage optimales pour les débutants. Cette personnalisation renforce l'engagement, accélère la maîtrise et favorise la motivation, favorisant ainsi la transition d'une formation standardisée vers des modèles plus adaptatifs et centrés sur l'apprenant.

Au niveau institutionnel, l'analyse prédictive appuie la planification stratégique et favorise l'optimisation. Les écoles et les universités peuvent anticiper l'évolution des inscriptions, la demande d'orientation et les besoins en personnel, permettant ainsi une budgétisation et une planification plus respectueuses de l'environnement. De plus, l'analyse des résultats des anciens élèves et des statistiques du marché du travail permet d'adapter les services éducatifs à l'évolution des besoins en personnel, garantissant ainsi aux diplômés les compétences requises.

L'intégration des indicateurs de maîtrise socio-émotionnelle (MES) dans les modèles prédictifs est une tendance émergente qui élargit le champ de l'analyse au-delà des performances scolaires. En surveillant les signes liés à la santé intellectuelle, à l'engagement social et au bien-être émotionnel, les outils d'IA peuvent prédire les difficultés socio-émotionnelles des étudiants et proposer des mesures de soutien. Cette approche holistique reconnaît que l'apprentissage est étroitement lié aux facteurs émotionnels et psychologiques.

Malgré ses promesses, l'utilisation de l'analyse prédictive dans l'éducation soulève de vastes questions éthiques et de bon sens. L'exactitude des prédictions repose sur l'originalité et la représentativité des données; les biais dans les ensembles de données peuvent entraîner des résultats injustes ou discriminatoires. La transparence sur la manière dont les modèles établissent les prédictions et dont les choix sont dérivés est essentielle pour maintenir la confiance des étudiants, des parents et des enseignants. De plus, la protection de la vie privée des élèves et des données est primordiale, ce qui nécessite des politiques rigoureuses et une conformité réglementaire.

Un autre sujet abordé est le danger des prédictions auto-satisfaites, où les élèves classés comme « à risque » peuvent également intérioriser ces évaluations, ce qui risque de saper leur motivation et leur superficialité. Les enseignants doivent donc équilibrer les analyses fondées sur les données avec le jugement humain et l'empathie, en veillant à ce que l'analyse prédictive serve d'outil d'autonomisation plutôt que de problème.

À l'avenir, la convergence de l'analyse prédictive avec d'autres technologies émergentes, telles que le traitement du langage naturel, la réalité virtuelle et les systèmes d'apprentissage adaptatif, créera des environnements pédagogiques de plus en plus performants. Ces structures intégrées permettront désormais non seulement de prévoir les trajectoires d'apprentissage, mais aussi de simuler des expériences personnalisées et d'apporter des modifications en temps réel, rendant l'apprentissage plus dynamique et réactif.

De plus, l'analyse prédictive est en mesure d'orienter les initiatives en matière de politiques et d'équité en mettant en évidence les disparités systémiques et en révélant des tendances cachées liées à l'accès et aux résultats. Les décideurs politiques peuvent utiliser ces informations pour concevoir des programmes ciblés qui comblent les écarts de réussite et favorisent l'éducation inclusive.

L'analyse prédictive représente une force transformatrice pour l'avenir de l'éducation. En permettant d'anticiper les besoins des élèves, la dynamique institutionnelle et les tendances sociétales plus larges, elle permet aux parties prenantes de prendre des décisions éclairées qui améliorent les études et leurs conséquences. Pour exploiter pleinement son potentiel, l'analyse prédictive doit être appliquée de manière réfléchie, en accordant une attention particulière à l'éthique, à l'équité et aux valeurs humaines. Exploitée de manière responsable, elle constituera un catalyseur essentiel pour façonner un avenir scolaire adaptatif, efficace et équitable.